Johann Christoph Arnold

Crash

»Ganz in der Nähe meines Hauses gab es ein Brotgeschäft. Am 27. Mai 1992 stand eine lange Menschenschlange vor diesem Geschäft. Alle warteten auf einen Laster, der Brot anliefern sollte. Die Leute warteten geduldig und mit Anstand, obwohl sie schon stundenlang dort standen ... Als ob es nicht schon schlimm genug wäre, hungrig und elend zu sein, explodierte eine Granate, wie von einem bösen Dämon dorthin geworfen, ein paar Meter neben der Warteschlange und tötete zweiundzwanzig dieser unschuldigen, geduldigen, hungrigen Menschen.

... In der folgenden Nacht bekam ich kein Auge zu. Ich saß auf meinem Bett und grübelte. Es wollte mir nicht in den Kopf, warum diese unschuldigen Menschen, meine Landsleute und Nachbarn, von denen ich die meisten von Kindesbeinen an gekannt hatte, ihr Leben auf eine so unvorstellbar schreckliche Weise lassen mussten.

Am nächsten Morgen lief ich durch die neu entstandenen Ruinen und kam zu dem Platz, an dem das Massaker stattgefunden hatte. Er war mit Blumen und Kränzen geschmückt. Ich holte mein Cello aus dem Kasten. Voll Leid und Trauer hob ich den Bogen und begann zu spielen.

Die Passanten blieben stehen, hörten zu und weinten mit mir. Sie legten Blumen nieder, beteten und zündeten Kerzen an ...«

So begann Vedrans Initiative »Musik für den Frieden«, mit der er im früheren Jugoslawien ein Zeichen für Leben und Versöhnung setzt. Arnold erzählt von Menschen wie ihm, die in einer extremen Situation ein neues Ziel für ihr Leben fanden.

Johann Christoph Arnold, geboren 1940, ist Seelsorger und leitet seit 1983 die Gemeinschaft der Bruderhöfe.

Johann Christoph Arnold

Crash

Geschichten, die unter die Haut gehen

Deutsch von Stefan Neumann

R. BROCKHAUS

Die englische Originalausgabe erschien
unter dem Titel: DRAINED. Stories of People Who Want More,
bei The Plough Publishing House 1999
Farmington, PA 15437 USA
Robertsbridge, E. Sussex, TN32 5DR England

RB*taschenbuch Bd.* **879**

Umschlaggestaltung: Dietmar Reichert, Dormagen
Umschlagfoto: The Stock Market Photo Agency, Düsseldorf
Gesamtherstellung: Breklumer Druckerei Manfred Siegel KG
ISBN 3-417-20879-3
Bestell-Nr. 220 879

INHALT

Danksagung

Im Mittelpunkt dieses Buches stehen Tatsachenberichte,
und ich möchte all jenen danken,
die mir erlaubt haben,
ihre privaten Geschichten und Briefe zu benutzen.
Ihr Vertrauen hat dieses Buch erst möglich gemacht.
Dem Team bei Plough und den Leuten bei Oasis Media,
meinen Lektoren Chris Voll und Paul Hansford –
jedem Einzelnen von euch gilt mein Dank.
Vor allem aber danke ich meiner Frau Verena
für ihre unermüdliche Ermutigung und Unterstützung.

Ohne Angst und Gewalt leben

Nur wer mit sich selbst in Frieden lebt,
ist in der Lage,
Frieden in der Welt zu stiften.
Rabbi Simcha Bunim

Als ich an diesem Buch arbeitete, stieß ich auf eine Werbeanzeige. Eine Frau räkelte sich auf einem Liegestuhl und betrachtete einen wunderschönen Sonnenuntergang über einem See. Der Text dazu lautete: »Ein Traumjob. Hübsche Kinder. Eine wunderbare Ehe. Und das zermürbende Gefühl absoluter Leere.« Wie viele Millionen Menschen teilen wohl ihre unausgesprochenen Ängste?

Wir arbeiten, spielen, lieben, alles mit vollem Einsatz, und versuchen, uns selbst auf unsere kleinen Inseln eines normalen Lebens zu retten. Aber um uns herum tobt eine stürmische See, steigen und fallen Börsenkurse, legen Biotechniker die Lebensspanne des Menschen neu fest und diktieren Modedesigner die Kleiderordnung. Um uns herum steigt die Flut unaufhörlich weiter, und manchmal sind wir zu müde, zu ausgepumpt, uns darum überhaupt noch zu kümmern. Wir sind versucht, die Augen zuzukneifen und uns einzureden, all das würde irgendwie von alleine aufhören.

Aber das tut es natürlich nicht.

Ob wir es zugeben oder nicht, an einem bestimmten Punkt sucht jeder nach dem Leben, das man guten Gewissens führen kann, nach einem Leben, wo solche schwer fassbaren Ideale wie Harmonie, Freude, Gerechtigkeit und Frieden zur Alltagsrealität gehören. Wir suchen nach etwas ganz anderem. Jeder träumt von einem Leben, in dem es weder Leid noch Schmerzen gibt. Aber zugleich kann niemand bestreiten, dass das öffentliche Leben auf der ganzen Welt von Gewalt bestimmt wird, angefangen bei den aktuellen Krisenregionen Irak, Nordirland, Ost-Timor und Bosnien bis hin zu den Straßen unserer eigenen Städte. Auch im Privatleben, selbst in den friedlichsten Vororten, sind Konflikte häufig an der Tagesordnung, in Form von Gewalt in der Familie, Suchtkrankheiten oder jenen zerstörerischen Spannungen, die ganze Firmen, Schulen oder Gemeinden spalten.

In unserer angeblich so aufgeklärten Gesellschaft verbirgt sich die Gewalt hinter den ehrenwertesten Fassaden. Sie steht hinter der Gier, dem Betrug und der Täuschung, die als Triebwerke unserer großen Finanz- und Kultureinrichtungen fungieren. Sie verbirgt sich im fehlenden Vertrauen, das selbst die stärkste Ehe zermürben kann. Sie versteckt sich hinter der Heuchelei, die unser geistliches Leben aushöhlt und die innigsten Ausdrucksformen des Glaubens eines Großteils ihrer Glaubwürdigkeit beraubt.

Viele Menschen bemühen sich, Erfüllung und Frieden zu finden, indem sie ihr Leben ändern: an neuen Karrieren basteln oder aus der Stadt in einen Vorort ziehen (bzw. vom Vorort aufs Land). Manch einer versucht einen Gang zurückzuschalten, wieder ein einfacheres Leben zu führen oder durch irgendeine andere Richtungsänderung die eigene Lebensqualität zu verbessern. Doch den Frieden, den wir suchen, finden wir so kaum. Im Grunde genommen wissen wir nur zu gut, wie unruhig die Welt ist, in der wir leben, und dass es, obwohl dauernd davon geredet wird, so wenig Frieden gibt, so wenig, dass ein enger Freund, dem ich von den Plänen zu diesem Buch erzählte, sich nicht auf die Bemerkung beschränkte, es sei wohl ein wenig naiv, über dieses Thema zu schreiben, sondern sogar so weit ging, mein Vorhaben als ein bisschen pervers zu bezeichnen.

Vor einem so dunklen Hintergrund mag es wirklich pervers erscheinen, ein Buch darüber zu schreiben, wie man Frieden findet. Doch das Verlangen nach Frieden und Harmonie bleibt unverändert bestehen, es ist ebenso zeit- wie grenzenlos. Vor Tausenden von Jahren träumte der alttestamentliche Prophet Jesaja von einer Welt, in der der Wolf friedlich an der Seite des Lammes lebt. Und durch die Jahrhunderte haben Männer und Frauen immer wieder Hoffnung aus dieser Vision geschöpft, egal, wie dunkel der Horizont sich gerade auch zeigte und wie blutgetränkt die Schlachtfelder auch immer waren.

In weiten Teilen unserer Gesellschaft hat das Wort »Frieden« jedoch jede Bedeutung verloren. Ob auf Postkarten oder Lesezeichen, Plakatwänden oder Geschirrtüchern, unsere Kultur wird überschwemmt von Phrasen des Friedens. Besonders zur Weihnachtszeit tauchen Sätze wie »Friede auf Erden« so häufig auf, dass sie zu sinnentleerten Klischees geworden sind. In anderen Bereichen sprechen Regierungen und Medien von schwer bewaffneten »Friedenstruppen«, die in Kriegsgebieten überall auf der Welt zum Einsatz kommen. In Kirchen und Gemeinden beschließen Pfarrer den Gottesdienst mit den Worten »Gehet hin in Frieden«, und obwohl die Worte eigentlich als Segensspruch gemeint sind, werden sie doch häufig für kaum mehr gehalten als eine Entlassung bis zum nächsten Sonntag.

Doch wie auch immer man es nennen will: Die Sehnsucht nach Frieden ist in jedem Menschen tief verankert. Jeder hasst Stress, Probleme und Sorgen. Niemand möchte sich völlig ausgepumpt fühlen. Jeder will ohne Angst und Zweifel leben, ohne Gewalt und Trennungen. Wir alle wollen Stabilität und Sicherheit. Frieden.

Aber trotz dieser ungeheuren Sehnsucht nach Frieden ist es normalerweise eher ein bequemer Frieden, nach dem wir streben, ein Frieden zu unseren eigenen Bedingungen. Das Problem dabei ist, dass ein solider, dauerhafter Frieden nicht mal eben so auf die Schnelle und ohne viel Aufhebens zu haben ist. So erreicht man vielleicht ein vorübergehendes geistiges Wohlbefinden oder Gleichgewicht, ein flüchtiges, angenehmes Gefühl, doch das reicht im Allgemeinen nicht über den Tag hinaus. Wirklicher Frieden ist keine Ware, die man kaufen oder besitzen kann, und auch keine Angelegenheit, um die man sich mal auf die Schnelle kümmern könnte. Paradoxerweise fordert Frieden einen fortwährenden Kampf. Frieden erreicht man, indem man die elementaren Auseinandersetzungen des Lebens angeht, in denen Leben und Tod, das Gute und das Böse, Wahrheit und Lüge miteinander ringen. Frieden ist ein Geschenk, aber er ist auch das Ergebnis dauernder, intensiver Anstrengungen.

Auf der Suche nach Frieden ist wohl nichts so wichtig – und zugleich so schmerzhaft – wie sich vor Augen zu führen, wo der Frieden im eigenen Leben fehlt, in welchen Bereichen das eigene Herz verödet ist. Für manche Menschen bedeutet das, dass sie sich ihrem Hass und ihren Voreingenommenheiten stellen müssen. Andere wiederum werden Betrug, Untreue oder eine ungeheure Verwirrung von Gefühlen bei sich entdecken. Wieder andere werden nur Leere und Depression zu Tage fördern. Doch all das sind verschiedene Formen der Gewalt, denen man sich stellen muss, um sie schließlich zu überwinden.

Auf den folgenden Seiten habe ich mich bemüht, nicht einfach nur griffige Thesen zu formulieren oder Patentrezepte zu präsentieren. Außerdem wollte ich dem Erforschen der Ursachen für unser Gefühl der Leere nicht allzu viel Platz einräumen. Zwar könnte man allein darüber ein ganzes Buch schreiben, aber es wäre ziemlich deprimierend, so etwas durchzuarbeiten. Und was noch wichtiger ist, es würde wahrscheinlich auch überhaupt nichts bringen.

Sadhu Sundar Singh, ein indischer Christ, der zu Beginn des 20. Jahrhunderts lebte, zeigte mit einem Vergleich, dass man sich einem erfüllten Leben nicht durch intellektuelle Analysen nähern kann:

▶ Ein Wissenschaftler hatte einen Vogel in der Hand. Er sah, dass der Vogel lebendig war, und um festzustellen, in welchem Teil des Körpers das Leben steckte, begann er den Vogel zu sezieren. So geschah es, dass das Leben, nach dem er suchte, verschwand. Menschen, die die Geheimnisse der Seele mit dem Verstand ergründen wollen, werden mit ähnlichen Misserfolgen leben müssen wie dieser Wissenschaftler. Das Leben, nach dem sie suchen, verschwindet, wenn man es zergliedert.

Bücher zur Lebensberatung gibt es in jeder Buchhandlung, aber nach meiner Erfahrung gestaltet sich das Leben nicht so einfach und übersichtlich, wie darin manchmal behauptet wird. Viele der Geschichten, die in diesem Buch erzählt werden, stammen von Freunden, die ich zum Teil schon seit Jahren kenne, andere wiederum berichten von Menschen, die ich erst vor kurzem kennen gelernt habe. Kaum einer von ihnen behauptet, er habe Frieden als Dauerzustand erreicht.

Vielmehr bezeugen sie, dass es eine Reise ist, die zum Frieden führt, zu jenem schwer zu beschreibenden »Mehr«, das wir alle wollen. Jeder wird seine Suche an einem anderen Ort beginnen. Mein Ziel ist es, mit diesem Buch einfach nur ein paar Wegweiser aufzustellen, »Reisehilfen« mit auf den Weg zu geben – und genug Hoffnung, um Sie zum Aufbruch zu bewegen.

Der Tod des Taxifahrers

Wer sich anschickt Rache zu nehmen,
der sollte direkt zwei Gräber ausheben.
Chinesisches Sprichwort

Es war ihr erster freier Tag seit langem. Bridie und Mick McGoldrick genossen die Gelegenheit auszuspannen in ihrem kleinen Wohnwagen bei Warrenport in Nordirland. Sie schalteten den Fernseher an, um die Nachrichten zu sehen. An diesem Tag, dem 8. Juli 1996, war in Lurgan ein Taxifahrer durch einen Kopfschuss getötet worden. Angestachelt von einem Streit um die Marschroute für eine Parade in der kleinen Gemeinde Drumcree riefen Kämpfer einer protestantischen Terrororganisation ein Taxi. Sie rechneten damit, dass der Fahrer mit größter Wahrscheinlichkeit katholisch sein würde, also ein perfektes Opfer für ihr Vorhaben.

Weder Bridie noch Mick dachten sich etwas Böses dabei, als sie diese Meldung hörten, obwohl ihr einziger Sohn Michael in Lurgan lebte und dort als Taxifahrer jobbte. Wenn einem ihrer Angehörigen etwas passiert wäre, dachten sie, dann hätte man sie mit Sicherheit benachrichtigt.

Die nächste Nachrichtensendung brachte weitere Informationen: Der ermordete Taxifahrer aus Lurgan war Anfang 30, verheiratet und Vater eines Kindes, seine Frau erwartete gerade ein zweites. Mick und Bridie sahen sich erschrocken an. Und der nächste Satz offenbarte die schreckliche Gewissheit: Erst Freitag hatte der junge Mann sein Studium an der Queens-Universität in Belfast abgeschlossen. Michael

McGoldrick war tot, und seine Eltern wussten nun Bescheid. Mick erinnert sich:

▶ Wir rannten beide nach draußen. Ich fiel auf die Knie, schlug mit den Fäusten auf den Boden und schrie zum Himmel: »Am Kreuz zu hängen war nichts, gemessen an dem, was wir durchmachen!« Ich wandte mich zu meiner Frau: »Bridie«, sagte ich, »wir werden nie wieder lachen können.« Michael war unser einziges Kind; er war unser Lebensinhalt.

Bald kam meine Familie und bestätigte, dass das Opfer des Mordes unser Sohn war. Wir fuhren zurück nach Craivington in unser Haus. Am Abend baten wir alle, uns alleine zu lassen. Bridie und ich hatten beschlossen, uns das Leben zu nehmen. Wir brachten das Haus in Ordnung, duschten und zogen unsere Schlafanzüge an.

Ich weiß noch, dass ich in die Küche gegangen bin, um mir irgendwas zu essen zu holen. Ich wollte die Tabletten nicht auf leeren Magen schlucken. Unsere Freunde und Verwandten hatten den Kühlschrank mit Lebensmitteln vollgepackt – Schinken, Putenfleisch, Hähnchen, Käse –, doch es gab keine Butter. Also nahm ich mir zwei Scheiben Brot und machte mir ein Sandwich mit gekochtem Schinken, aber ohne Butter. Damit ging ich zurück ins Wohnzimmer. Ich setzte mich neben Bridie und biss von meinem Sandwich ab. Das trockene Weißbrot blieb an meinem Gaumen kleben. Ich sah zu Bridie hinüber. Da saß ich nun, versuchte dieses Brot von meinem Gaumen loszukriegen und dachte: »Sind wir nicht zwei komische Figuren?« Und der Gedanke an Selbstmord verging.

Am nächsten Tag, einem Mittwoch, fuhren wir zu Michael,

um die Totenwache zu halten. Wir dachten, unser Schicksal wäre schlimm, aber dann begegneten wir einer Mutter, deren siebzehnjährige Tochter sich vor kurzem das Leben genommen hatte. Da gab es jemanden, der noch mehr Schmerz erlitten hatte als wir. Ich erinnere mich noch, wie die Polizei uns zu sich bat. Ein Inspektor sagte: »Mr. McGoldrick, Ihnen ist das Schlimmste passiert, was einem Vater passieren kann.« Aber ich sagte: »Nein, das Schlimmste wäre gewesen, wenn mein Sohn nach Hause gekommen wäre und mir gesagt hätte: ›Diesen Taxifahrer, den habe ich umgebracht!‹« Und genau so habe ich auch empfunden.

Am Donnerstag wurde Michael beigesetzt. Bevor der Sarg geschlossen wurde, fragte mich jemand, ob ich mich von meinem Sohn verabschieden wolle. Ich sagte: »Ja!«, und ging in das Zimmer hinauf, wo mein Sohn aufgebahrt lag. Ich legte meine Hände auf seine und sagte: »Auf Wiedersehen. Wir sehen uns im Himmel!« Plötzlich überkam mich ein Gefühl großer Stärke. Es gab mir Kraft. Damals wusste ich noch nicht, was es war; heute weiß ich es. Irgendjemand sagte: »Sie werden wohl kaum die Kraft haben, den Sarg mitzutragen!« Aber ich sagte: »Doch, habe ich. Ich trage den Sarg meines Sohnes auf seinem letzten Weg.«

Mir war klar, dass bei der Beerdigung Fernsehkameras dabei sein würden – das ist in diesem Land immer so! –, und ich hatte ihnen etwas mitzuteilen. Auf ein Stück Pappe schrieb ich: »Begrabt euren Stolz mit meinem Sohn«, und darunter: »Vergib ihnen!« Auf der Beerdigung meines Sohnes sprach ich in die Kameras: »Ich vergebe ihnen, meine Familie vergibt ihnen!«

So einfach war das! Trotz des ungeheuren Schmerzes, unseren Sohn verloren zu haben, wussten Bridie und ich, dass wir verzeihen mussten. Nachdem wir uns entschlossen hatten weiterzuleben, wussten wir, dass Vergebung für uns die einzige Möglichkeit war. Andernfalls hätte uns die Verbitterung aufgefressen.

Vor dem Mord an Michael gehörte ich nicht zu den Leuten, die sich besonders viel aus der Kirche machen. Ich ging zwar zum Gottesdienst, aber nur, um Bridie einen Gefallen zu tun. Doch als Michael starb, veränderte sich mein ganzes Leben. Ich spürte Gottes Nähe in vielerlei Hinsicht. Mein Herz war für ihn empfänglich. Und dieses Gefühl der Nähe hat mich seitdem nicht mehr verlassen. Das ist es, was mich antreibt. Indem ich den Mördern meines Sohnes vergeben habe, hat sich mein Leben um 180 Grad gewendet.

Trotz des ungeheuren Schmerzes ließ auch Bridie nicht zu, dass der Hass sie überwältigte. Während des ersten Schocks konnte sie überhaupt nicht begreifen, warum irgendjemand ihrem Kind etwas zu Leide tun sollte:

▶ Michael war noch nicht einmal von hier, er stammte aus Schottland, genau wie ich, und an seinem Dialekt konnte man das auch ganz deutlich hören. Den Schmerz, den ich gefühlt habe, kann nur eine Mutter verstehen, die auch ihr Kind verloren hat. Ich war wie in einer anderen Welt, als würde ich neben mir stehen und allem irgendwie nur teilnahmslos zuschauen. All das hatte überhaupt nichts mit mir zu tun.

Doch uns wurde die Kraft geschenkt zu vergeben, trotz all

unserer Tränen und unserer unermesslichen Trauer. Eines Morgens, als ich mich zurechtmachte, um in die Kirche zu gehen, brach ich auf einmal in Tränen aus und fragte Mick: »Habe ich unser Kind nicht genug geliebt?« Er sagte: »Wie kommst du darauf?« »Warum bin ich nicht wütend, Mick, warum hasse ich Michaels Mörder nicht?« Und er antwortete: »Ich weiß nicht, Bridie, ich denke, das ist ein Geschenk Gottes.« Uns war klar, dass wir nach dem Vaterunser, das wir beteten, auch leben mussten: »Und vergib uns unsere Schuld, wie auch wir vergeben unsern Schuldigern.«

Sein ganzes Leben lang ist Michael geliebt worden; er war überall willkommen. Ich hatte das Gefühl, das alles würde im Nachhinein zerstört, wenn man es nun mit Wut oder Hass in Verbindung brächte. Das würde unsere Liebe zu ihm zerstören. Damit würde ich sagen: Zu lieben ist ein Fehler!

Mick und Bridie verwenden ihre Kraft inzwischen dafür, die United Christian Aid zu leiten, eine karitative Einrichtung, die Kleidung und Hausrat sammelt, sortiert, verpackt und nach Rumänien schickt, wo sie an bedürftige Menschen verteilt werden. Manchmal sehen die McGoldricks in den Gesichtern der rumänischen Kinder, von denen viele elternlos sind, das Gesicht ihres eigenen Sohns. Aber die Hilfsorganisation leistet nicht nur dringend benötigte Hilfe in Rumänien. Auch in Nordirland selbst bewegt sie etwas. Indem die Menschen spenden, kommen sie dahinter, dass die Not anderer größer ist als die eigene, und Mick und Bridie konnten beobachten, wie auf diese Weise über die konfessionellen Grenzen hinweg Freundschaften zwischen Protestanten und Katholiken wuchsen.

Vor Michaels Tod hatten die McGoldricks sich kaum jemals aus dem katholischen Stadtteil, in dem sie lebten, hinausgewagt. Heute gibt es keinen Ort und keine Gemeinde, die sie nicht besuchen würden. Oft werden sie gebeten, an Versammlungen teilzunehmen und von ihrem Schicksal zu erzählen, und sie lassen keine Möglichkeit aus, um über Vergebung zu sprechen. Mick erklärt:

▶ Es gibt furchtbar viel Konfessionalismus in diesem Land, eine Aufspaltung in Katholiken und Protestanten. Dauernd geht man aufeinander los. Zwar nennen sich alle Christen, doch wenn einer von einem fremden Planeten käme und das hier sehen würde, würde er nur staunen! Aber in den Medien zeigen sie auch immer nur, wie die Menschen sich gegenseitig fertig machen. Leute, die einander vergeben, die Gutes tun, gibt es angeblich kaum. Von Katholiken und Protestanten, die gemeinsam beten, hört und liest man nirgends ein Wort. Aber auch das gibt es, und zwar immer öfter.

Wissen Sie, wenn man die Probleme Nordirlands mit der ganzen Not und all dem Elend in der Dritten Welt oder Osteuropa vergleicht, dann wirken sie auf einmal ziemlich klein und belanglos. Was wäre also näher liegend, als Nordirland zu einen, indem man mit jenen teilt, die weniger begünstigt sind? Das ist es, was wir mit unseren Hilfsaktionen erreichen wollen. Und wir haben vor, das durchzuziehen, ganz egal, was hier passiert.

Wenn Politiker über den Frieden reden wollen, können sie das gerne tun. Aber Frieden schafft man nicht durch Gespräche. Man muss ihn erarbeiten! Und ich behaupte nach wie vor, dass nur jene Menschen über Frieden reden können, die auch in ihrem Herzen Frieden gefunden haben. Andernfalls reden sie über Dinge, von denen sie nicht die leiseste Ahnung haben. Man kann nur über Frieden reden, wenn man ihn in seinem eigenen Herzen gefunden hat. Ich kann über Frieden reden, denn ich weiß, was Frieden ist, und ich weiß, dass es Frieden stiftet, wenn man vergibt und wenn einem vergeben worden ist.

Die wenigsten Menschen werden direkt mit Mord konfrontiert, und viele der Dinge, die uns heimsuchen, erscheinen im Vergleich dazu beinahe lächerlich. Trotzdem kann es uns schwer fallen zu vergeben. Es bedarf der Geduld und Mühe, den Hass zu überwinden, vor allem, wenn er sich über einen langen Zeitraum angestaut hat. Doch egal, ob der Schmerz, den man erlitten hat, echt ist oder bloß eingebildet: Solange wir ihm Nahrung geben, wird er an uns zehren.

So wie die menschliche Natur beschaffen ist, ist die Gabe, in jedem Menschen das Gute zu suchen, eher selten. Selbst unsere Beziehung zu jenen Menschen, die uns am nächsten stehen, ist dann und wann durch kleine Missstände getrübt. Wirklicher Frieden mit anderen erfordert ständige Anstrengung. In manchen Situationen verlangt er die Bereitschaft nachzugeben, loszulassen oder zu schweigen, in anderen wiederum den Willen, offen und aufrichtig zu sein. Es verlangt Mut, sich auszusprechen und auf eine Konfrontation einzulassen. Eines ist in jedem Fall wichtig: Wer Frieden in seiner Beziehung zu anderen will, der muss dazu bereit sein, immer und immer wieder zu vergeben.

1988 lernte ich in Israel Elias Chacour kennen, einen palästinensischen Pfarrer, der für seine Bemühungen um Aussöhnung und Frieden in seiner Heimat weltweit bekannt ist und wiederholt für den Friedensnobelpreis vorgeschlagen wurde. Dabei wäre es ganz und gar nicht verwunderlich, wenn Elias Chacour verbittert wäre. 1947 wurde sein Dorf zerstört und dessen Bewohner vertrieben. Immer wieder ist er verhaftet worden und musste jahrelang die Schikanen der israelischen Regierung ertragen. Doch trotz all dem ist dieser »Mann ohne Land« einer der warmherzigsten und mitfühlendsten Menschen geblieben, die ich kenne. Zum Thema Vergebung sagt er:

▶ Warum soll ich die, die mein Haus zerstört haben, mich gefoltert haben, lieben? Zweifellos ist es sehr schwer, seine Feinde zu lieben. Seinen Verfolger zu lieben heißt, ihm begreiflich zu machen, dass es für ihn keine Würde gibt, solange er diese nicht in meinem Gesicht erblicken kann. Das heißt nicht, dass man sich seinem Feind unterwirft. Es bedeutet, dass man sich aufrichtet und zu seinem Peiniger sagt: »Du hast mir sehr wehgetan. Deshalb vergebe ich dir.« Geht nicht zu denen, die unterdrückt werden, geht zu den Unterdrückern selbst und sagt ihnen, sie sollen aufhören, damit die Unterdrückten sich aufrichten können, um zu sagen: »Du bist mein Bruder, ich vergebe dir.«

Vergeben hat nichts mit Fairness oder Nachsicht zu tun. Vergeben heißt, das Unverzeihliche zu verzeihen. (Erstaunlicherweise vergeben gerade jene Menschen am leichtesten, die die schlimmsten Dinge erlitten haben.) Wenn wir bei jemandem etwas entschuldigen, dann sehen wir über seine Fehler hinweg, als gäbe es sie gar nicht. Wenn wir aber jemandem vergeben, dann gibt es eigentlich sehr gute Gründe, verletzt zu sein, doch gerade deswegen vergeben wir. Wir verzichten auf Rache. Vielleicht wird unsere Bereitschaft zu vergeben nicht immer angenommen, doch indem wir unsere Hände zur Versöhnung ausstrecken, schützen wir uns auch selbst vor Zorn und Entrüstung.

Das heißt nicht, dass wir unseren Schmerz hinunterschlucken müssen, ganz im Gegenteil. Die Menschen, die ihren Schmerz verdrängen, um ihn zu vergessen, verlagern ihn lediglich ins Unterbewusstsein und entwickeln sich schließlich zu seelischen Krüppeln. Vergeben aber heißt, sich zunächst einmal seinem Schmerz zu stellen. Sicherlich ist es manchmal unmöglich (oder wenig hilfreich), den Menschen, dem man vergeben möchte, zur Rede zu stellen. In diesem Fall ist es sinnvoll, unseren Schmerz jemandem mitzuteilen, dem wir vertrauen. Doch dann müssen wir vergeben, sonst verharren wir in unserem Groll und warten vergebens darauf, dass man uns irgendwann um Verzeihung bittet.

Natürlich müssen wir selber auch um Vergebung bitten. Jeder hat schon einmal Schmerz erlitten, aber jeder hat auch schon einmal andere verletzt. Daher ist es genauso wichtig, um Vergebung zu bitten, wie selbst zu vergeben. Ohne dass uns vergeben wird, finden wir keinen Frieden, denn egal für wie »gut« wir uns selber halten, perfekt ist niemand. Eine Legende über Bruder Angelo, einen Mönch aus dem Kreis um Franz von Assisi, macht das deutlich:

▶ Es ist Heiligabend. Bruder Angelo putzt seine einfache Berghütte und dekoriert sie für den Gottesdienst. Er spricht seine Gebete, reinigt den Herd, hängt einen Kessel übers Feuer und setzt sich dann nieder, um auf Franziskus zu warten, der in ein paar Stunden kommen soll. Plötzlich tauchen drei Banditen bei ihm auf und betteln um etwas zu essen. Wütend und voller Angst schickt Bruder Angelo sie mit leeren Händen fort, schimpft mit ihnen und erinnert sie daran, dass Diebe dazu verdammt sind, in der Hölle zu schmoren.

Als Franziskus eintrifft, hat er das Gefühl, dass irgendetwas nicht stimmt. Bruder Angelo erzählt von seinen ungebetenen Gästen, und Franziskus schickt ihn mit einem Krug Wein und einem Laib Brot los, um sie zu suchen und um Vergebung zu bitten. Bruder Angelo ist entsetzt. Im Gegensatz zu seinem Meister kann er die verwilderten Männer nicht als Brüder betrachten, sondern nur als Banditen. Trotzdem gehorcht er, und nachdem er ihren Spuren im Schnee gefolgt ist, findet er die Männer bei Anbruch der Nacht und macht seinen Fehler wieder gut. Später, so berichtet die Legende, verlassen die drei Männer ihre Höhle und treten dem Franziskaner-Orden bei.

Sich selbst ins Gesicht sehen

Am schwersten ist es,
sich selbst ins Gesicht zu sehen.
Es ist viel leichter,
»Revolution« und »Power to the People« zu rufen,
als einen Blick auf sich selbst zu riskieren
und zu erkennen,
was von einem selbst echt ist und was nicht.
Das größte Problem ist,
wenn man sich selbst hinters Licht führt.
John Lennon

Wenn mich jemand fragen würde, was die wichtigste Voraussetzung für inneren Frieden sei, würde ich ihm wahrscheinlich antworten: Ehrlichkeit. Egal, ob damit nun grundsätzliche Aufrichtigkeit, das Wissen um das eigene Befinden, die Fähigkeit, das Kind beim Namen zu nennen, oder der Wille, eigene Fehler öffentlich zu bekennen, gemeint ist – Ehrlichkeit ist eine Grundvoraussetzung für den Frieden. Wir können uns um Frieden bemühen und uns abrackern bis zum letzten Atemzug: Solange wir nicht bereit sind, uns selbst dem klaren Licht der Wahrheit zu stellen, werden all unsere Anstrengungen vergeblich sein. Unehrlichkeit ist einer der größten Stolpersteine auf dem Weg zum Frieden, denn Unehrlichkeit hindert uns daran, eine feste Grundlage zu finden, von der aus wir mit unserer Suche beginnen können.

Thomas Merton empfiehlt, wir sollen »uns bewusst machen, dass der Mensch, der wir jetzt gerade zu sein glauben, bestenfalls ein Betrüger und ein Fremder ist, dessen Absichten wir ständig hinterfragen sollten und dessen Verstellungen wir immer wieder durchschauen müssen«. Andernfalls sind alle Versuche, uns selbst auf die Spur zu kommen, von vornherein zum Scheitern verurteilt. Auch Shakespeare wusste das:

> Dies über alles: sei dir selber treu,
> Und daraus folgt, so wie die Nacht dem Tage,
> Du kannst nicht falsch sein gegen irgendwen.[1]

Natürlich ist das leichter gesagt als getan. Jeanette, eine Bekannte von mir, hat mir neulich erzählt, wie sehr sie sich als junges Mädchen immer und immer wieder für Frieden eingesetzt hat – in der Arbeiterbewegung und in politischen Organisationen, in verschiedenen Gruppen an der Uni, in Kooperativen und Kommunen –, aber dabei die Spannungen in ihrem eigenen Innern ganz außer Acht gelassen hat. Wie in so vielen anderen Fällen war ihre Suche erst dann erfolgreich, als sie durch einen tiefen und ehrlichen Blick in ihr Inneres lernte, mit ihrem eigenen Leben zurechtzukommen.

Aber Selbsterkenntnis ist nur der erste Schritt. Sie allein führt noch nicht zu Frieden und zu einem erfüllten Leben, sondern kann uns sogar davon abbringen, wenn wir uns dadurch nur noch mit uns selbst beschäftigen und uns in einer Nabelschau verlieren. Oft wird man auf diese Weise zum Heuchler und das eigene Leben zum Schauspiel. Am gefährdetsten sind dabei wohl jene, die in den Augen anderer als »gute Menschen« dastehen wollen.

[1] William Shakespeare: *Hamlet. Prinz von Dänemark*, deutsch von A.W. Schlegel (1. Aufzug, 3. Szene)

Es gibt Situationen, in denen jeder eine Fassade vor sich aufbauen muss, um anderen gegenüber in einem guten Licht zu erscheinen. Im Theater des alten Griechenland trugen die Schauspieler Masken, die ihre Charaktere widerspiegelten. Indem er die Masken wechselte, konnte ein Schauspieler von einer Rolle in die nächste schlüpfen. Bezeichnenderweise kommt das englische Wort für Heuchler (hypocrite) vom griechischen Wort für Schauspieler (Hypokrites). Und wie die Schauspieler damals, so hat auch jeder von uns seine Masken, die er dann und wann zur Schau trägt. Kurz gesagt, ab und zu versucht sich jeder mal als »Hypokrit«.

Um uns zu verdeutlichen, wer wir wirklich sind, müssen wir uns Tatsachen stellen, denen wir zuvor ausgewichen sind, und uns offen mit ihnen auseinander setzen. Leider schrecken die meisten Menschen schon vor den ersten Schritten zurück – von den weiteren ganz zu schweigen –, weil sie Angst davor haben, sich ändern zu müssen. Es widerstrebt uns gewaltig, unsere bequeme Selbstzufriedenheit aufzugeben, und deshalb überzeugen wir uns schnell davon, dass nichts verkehrt läuft und mit uns alles in bester Ordnung ist. Wenn wir bloß erkennen würden, um wie vieles tiefer und größer der Frieden ist, den wir aus der Klarheit über uns gewinnen!

Silvia ist weit über 90. Kurz vor Ausbruch des Zweiten Weltkriegs stand sie in London am Anfang einer viel versprechenden Musikerkarriere. Als überzeugte linke Idealistin war sie, wie viele andere Menschen ihrer Generation, in ihrer Jugend in der Friedensbewegung aktiv gewesen. Doch die widersprüchliche Haltung vieler Pazifisten, die sich zwar gegen das Töten, aber nicht gegen die soziale Ungerechtigkeit erhoben, gefiel ihr nicht. Sie wollte mehr:

▶ Mein Mann und ich trafen uns regelmäßig mit ein paar Freunden und diskutierten Ideen. Wir suchten wie verrückt nach einem Weg durch das Labyrinth, das die Menschheit hervorgebracht hat – Krieg, Frieden, Politik, herkömmliche Moralvorstellungen contra freie Liebe usw. –, aber einer friedlichen oder gerechten Gesellschaft kamen wir dabei keinen Schritt näher.

Später, während der langwierigen und schweren Geburt ihres ersten Kindes, dämmerte es Silvia, dass in ihrem privaten Leben die gleichen Probleme herrschten, die sie innerhalb der Gesellschaft bekämpfen wollte. Zwar hatte sie hervorragende Aussichten auf eine musikalische Karriere, aber ihre Ehe war ein Scherbenhaufen und ihr Kopf ein Minenfeld. Um es geradeheraus zu sagen: Sie war am Ende. In diesem Moment erkannte Sylvia: Bevor sie ihren Teil zum Weltfrieden beisteuern konnte, musste sie zunächst einmal einen ehrlichen Blick auf ihr eigenes Leben werfen, um so Frieden in sich und mit anderen zu finden.

Mit Widersprüchen zu leben kann zur Gewohnheit werden. Einmal daran gewöhnt, ist es nur noch ein kleiner Schritt, bis man unaufrichtig und schließlich ausgesprochen falsch wird. Wenn es so weit kommt, dann bedarf es vieler Anstrengungen, um sich von der Lebenslüge, hinter der wir uns verschanzt haben, zu trennen, um wieder ehrlich zu werden, uns selbst gegenüber und vor jenen, die wir belogen haben. Mein Vater formulierte das einmal so: »Vollkommener Frieden verlangt vollkommene Ehrlichkeit. Lasst uns aufrichtig sein und sagen, was wir denken. Selbst wenn wir damit irgendwie danebenliegen, ist es besser, als das Richtige zu sagen, es aber nicht zu meinen. Wir können nicht mit anderen in Frieden leben, wenn nicht die Wahrheit in unseren Herzen regiert.«

Wenn ich an meine Gespräche mit Leuten denke, die gerade schwere Zeiten durchmachen, fällt mir auf, dass der Kampf zwischen Wahrheit und Täuschung für sie immer sehr schwer ist, vor allem dann, wenn sie zu der Ansicht verleitet worden sind, dass Ehrlichkeit einen zu hohen Preis für den inneren Frieden darstellt. Solche Menschen erkennen noch nicht einmal, dass sie sich zunächst freikämpfen müssen, weil sie sich selbst vollkommen darüber hinwegtäuschen, dass sie mit ihren Lügen bequem leben.

In *Die Brüder Karamasow* schildert der große russische Schriftsteller Fjodor Dostojewski einen solchen Charakter: Fjodor Pawlowitsch ist ein alter Mann, der Vater Sossima voller Spott fragt, was er tun müsse, um das ewige Leben zu erlangen. Vater Sossima warnt ihn zunächst vor den Fallstricken seines ausschweifenden Lebenswandels. Dann fährt er fort:

▶ Die Hauptsache ist, belügen Sie sich nicht selbst. Wer sich selbst belügt und auf seine eigene Lüge hört, kommt schließlich dahin, dass er keine einzige Wahrheit mehr, weder in sich noch um sich, unterscheidet, das aber führt zur Nichtachtung sowohl seiner selber als der anderen. Wer aber niemanden achtet, der hört auch auf zu lieben; um sich aber ohne Liebe zu beschäftigen und zu zerstreuen, ergibt er sich den Leidenschaften und rohen Ausschweifungen und steigt in seinen Lastern hinab bis zum Viehischen; und also geschieht das nur durch seine fortwährende Lüge, den anderen Menschen wie sich selbst gegenüber. Wer sich selbst belügt, kann sich auch am ehesten beleidigt fühlen.

> Ist es doch mitunter sogar sehr angenehm, sich gekränkt zu fühlen, ist's nicht so? Und der Mensch weiß es doch selbst, dass ihn niemand gekränkt hat, dass er sich selbst die Kränkung ausgedacht und sich noch allerhand vorgelogen hat zu ihrer Ausschmückung oder zur Abrundung des Bildes, dass er sich an ein einzelnes Wort klammert und aus einer Erbse einen Berg macht – er weiß es selbst nur zu gut, und doch fühlt er sich gekränkt, bis zur Empfindung eines Genusses, und das bringt ihn dann bis zur wahren Feindschaft gegen die Menschen.[2]

Wenn wir wirklich dazu entschlossen sind, Frieden in unseren Herzen zu finden, gibt es immer eine Lösung, und zwar die, unsere Schwächen, unser Versagen und unsere Fehler vor anderen Menschen zu bekennen. Wenn wir einmal den Missklang zwischen unserem wahren Charakter und dem Bild von uns, das wir anderen zeigen, erkannt haben, wird diese Spannung uns so lange wehtun, bis wir die beiden endlich in Einklang miteinander gebracht haben. Selbst wenn wir unser Verhalten ändern und uns von den Fehlern der Vergangenheit lösen, können wir den wahren Frieden des Herzens erst dann erreichen, wenn wir bereit sind, unsere geheimen Lasten mit jemand anderem zu teilen.

Jahrelang hatte Ann verzweifelt nach Glück, Erfüllung und Frieden gesucht – bis sie endlich einmal innehielt und sich selbst genau betrachtete:

[2] F.M. Dostojewski: *Die Brüder Karamasoff*, deutsch von E.K. Rahsin, München, 27. Auflage 1996, S. 71f. (2. Buch, Kap. II)

▶ Ich hatte alles, was eine Frau sich nur wünschen kann: einen Mann, der mich liebte, vier wunderbare Kinder, finanzielle Sicherheit und ein eigenes Haus. Etwas in mir aber schrie: »Das kann nicht alles sein. Es muss im Leben doch mehr geben als einen netten Ehepartner und Kinder, ein gemütliches Zuhause und Wohlstand.« Ich verzweifelte immer mehr und bekam Angst. Warum war ich nur so unglücklich?

Ich war in einer Familie aufgewachsen, die nach außen hin einen guten und anständigen Eindruck machte. Meine Eltern arbeiteten schwer, mein Vater als Arbeiter in der Fabrik, meine Mutter als Hausfrau. Wir vermittelten nach außen ein perfektes Bild, und niemand wusste etwas von der Hölle, in der wir lebten.

Niemand ahnte beispielsweise, dass ich von meinem älteren Bruder drei Jahre lang sexuell missbraucht worden war, seit ich sechs war. Niemand ahnte, dass meine umtriebige Schwester als Teenager von meinem Vater vor der ganzen Familie mit einem Gürtel verprügelt wurde, weil er einfach nicht mehr mit ihr zurechtkam und sein Temperament mit ihm durchging. Niemand ahnte, dass so eine Kleinigkeit wie ein umgekipptes Glas Milch beim Abendbrot ausreichte, um meinen Vater für mindestens zwei Stunden ausrasten zu lassen.

Wir hatten dauernd Angst, irgendetwas falsch zu machen und meinen Vater damit zu reizen. Immerhin trank er, wenn er von der Arbeit nach Hause kam, jeden Abend mindestens ein Sixpack Bier, und am Wochenende sogar einen ganzen Kasten! Wenn er dann durchdrehte, was mehrmals wöchentlich vorkam, gab es nichts mehr, was wir tun konnten, auch meine Mutter nicht.

Sie ließ all das schweigend über sich ergehen. Den ganzen Abend überschüttete er uns mit Schimpftiraden, warf meiner Mutter eine Grobheit nach der anderen an den Kopf und schlug mit der Faust auf den Tisch.

Manchmal hörten wir ihn mitten in der Nacht wieder anfangen. Dann schrie er, weil meine Mutter von seinen Annäherungsversuchen nichts wissen wollte. Wir Kinder liefen in unsere Zimmer und hielten uns Kissen über den Kopf, besuchten Freunde und übernachteten bei ihnen oder drehten den Fernseher laut auf. Wir waren verängstigt, durcheinander, verwirrt, und es gab nichts, was den Zorn unseres Vaters stoppen konnte.

Um all diesem Leid zu entkommen, sang ich. Ich sang pausenlos und überall, so dass ich meine Geschwister damit ziemlich nervte. »Na ja, auf jeden Fall prügele ich mich nicht«, sagte ich dann. Damals war mir das natürlich nicht bewusst, aber meine Lieder waren ein Mittel gegen meine Angst. Ich fühlte mich ungeliebt, und dabei wollte ich doch so sehr geliebt werden. Ich dachte, wenn ich gut sein könnte und mich gut benehmen würde, würde ich anderen damit eine Freude machen. Wenn es in unserer Familie nur friedlich gewesen wäre, dann wäre alles gut gewesen.

Als ich älter wurde, hatte ich das Gefühl, gar nichts mehr richtig machen zu können. Ich hatte das Gefühl, ich sei sowieso nichts wert. In der Pubertät wurde alles noch schlimmer, und ich schlitterte in den ganzen üblichen Mist hinein: Drogen, Alkohol, Männer ... Das Schlimmste daran war, dass sich alles heimlich abspielte: die Katastrophen meiner Kindheit, die Untaten meiner Teenagerzeit ...

Von außen gesehen war ich ein normales, anständiges, sogar gläubiges Mädchen. Aber in mir drin waren Chaos und Dunkelheit. Mein Leben war eine einzige Lüge. Als ich heiratete, glaubte ich, die ganzen Probleme würden sich schon irgendwie von selbst lösen, aber sie lösten sich nicht. Wie meine Kindheit und meine Jugend, so wirkte auch meine Ehe von außen tadellos, aber in Wirklichkeit war sie ein einziger Trümmerhaufen.

Als ich klein war, trieb mich meine Verzweiflung dazu, zu beten und um Hilfe zu bitten. Aber ich erwartete gar nicht, dass Gott irgendetwas für mich tun würde. Ich glaubte nicht, dass Gott mich liebte. Ich dachte, ich sei schlecht, und ich war davon überzeugt, dass er jemanden wie mich nicht mochte. Je mehr ich mich nach Liebe sehnte, desto härter wurde ich. Und ich wurde immer unfähiger, Liebe zuzulassen.

Jetzt, verheiratet und mit einer wachsenden Familie, hatte ich noch immer keinen Frieden gefunden. Ich hatte schon lange an mir selbst gezweifelt und mich im Stillen verachtet, aber nun fing ich an, diese Gefühle auch auf jeden anderen Menschen zu projizieren. Die ganze Welt war mir verhasst. Ich war wütend und fühlte mich zurückgesetzt und wertlos. Gefühlsmäßig war ich ein Wrack.

Am allerwichtigsten für mich war die Befreiung von den Schmerzen, die ich aus meiner Vergangenheit mit mir herumschleppte, aber diese Befreiung suchte ich an den falschen Stellen. Um ehrlich zu sein, ich wollte nur eins, und das verfolgte ich wie besessen: Ich wollte geliebt werden. Ich suchte bei meinem Mann nach Liebe, aber Bob hielt meinen Ansprüchen nicht stand. Ich suchte bei Freunden, aber auch da hatte ich kein Glück. Schließlich suchte ich sie bei Gott. Aber die Liebe schien vor mir zu fliehen, ich kriegte sie einfach nicht zu packen. Ich war unfähig zu lieben und geliebt zu werden.

Dann, vor ein paar Jahren, gingen Bob und ich in so eine Art Klausur und sahen uns an, welchen Lauf unser Leben genommen hatte. Es war ein Heilungsprozess, aber ein äußerst schmerzhafter, denn er führte uns zu der Erkenntnis, dass unsere Ehe ein großer Scherbenhaufen war. Uns wurde klar, dass wir gegeneinander absolut ehrlich sein mussten, jetzt und für alle Zukunft.

Es war während dieser schweren Zeit, dass ich meinen Frieden wiederfand. Aber zuerst musste ich die demütigende Erfahrung machen, dass ich ein total ichbezogener Mensch war, nur versessen auf mein eigenes Glück, und dass ich darüber hinaus voller Hassgefühle gegen meinen Mann steckte. Ich dachte, er habe mich im Stich gelassen und er könne mir die Liebe nicht geben, die ich so dringend brauchte und suchte. Sicher, auch Bob hatte seine Fehler, aber jetzt erkannte ich, dass ich eine Art Gefühls-Vampir gewesen war. Jahrelang hatte ich mich über seine Art zu lieben beklagt und ihn damit dazu getrieben, sich zurückzuziehen. Um es auf den Punkt zu bringen: Das Problem war ich. Endlich konnte ich zugeben, dass meine Ich-Besessenheit der Hauptgrund für mein Elend war.

Wie bereits in meiner Jugend, so bat ich auch diesmal wieder Gott um Hilfe, aber diesmal glaubte ich daran, dass er mir helfen würde. Plötzlich war ich fähig, Reue zu empfinden über den Schmerz, den ich anderen zugefügt hatte, statt mich selbst zu bedauern und mir darüber den Kopf zu zerbrechen, in welcher Form andere mich verletzt hatten. Zum ersten Mal in meinem Leben spürte ich sogar das Verlangen, denen zu vergeben, die mich verletzt hatten, vor allem meinem Vater. Auch Gott gegenüber empfand ich nun Reue, und zum ersten Mal spürte ich seine Liebe. Ich fühlte mich angenommen. Mir wurde vergeben.

Als Bob und Ann anfingen miteinander zu reden, sahen sie sich gegenseitig, wie sie sich vorher nie gesehen hatten. Jetzt konnten sie einander alles vergeben, was ihre Ehe so unglücklich gemacht hatte. Und sie konnten ihre Ehe fortsetzen. Ann erzählt:

▶ Nicht immer habe ich das Gefühl inneren Friedens. Manchmal kämpfe ich noch immer mit meinen Ängsten oder falle zurück in die alten Sorgen und Probleme. Ich muss stets daran arbeiten, wirklich ich selbst zu sein und der Versuchung zu widerstehen, Leuten gefallen zu wollen, um von ihnen Beifall zu bekommen. Aber es erfüllt mich, etwas für andere zu tun, egal, was es ist. An manchen Tagen habe ich Spaß am Babysitten oder am Haushalt, an anderen Tagen daran, für jemanden zu kochen oder seine Wäsche zu waschen. Es bereitet mir Freude, wenn ich mich um einen älteren Menschen kümmern kann.

Natürlich habe ich noch eine Menge Wunden, das ist mir klar, aber ich werde so akzeptiert, wie ich bin. Indem ich meine Energie darauf verwenden kann, anderen zu helfen und mich nicht nur mit mir selbst zu beschäftigen, ist mir etwas gegeben worden, das ich nie gefunden hatte, als ich es suchte: echte Freude.

Uns so zu geben, wie wir wirklich sind, selbst (oder gerade) gegenüber jemandem, den wir lieben und dem wir vertrauen, ist immer besonders schwer.

Doch wie wir im Laufe dieses Buches noch sehen werden, führt kein Weg daran vorbei. Wenn wir Frieden finden wollen, müssen wir bereit sein, die Kosten dafür zu tragen, auch wenn sie nicht immer gering sind. Die Suche nach billigem Frieden gleicht hingegen der Jagd nach einem Irrlicht. Sie ist unsinnig und anstrengend zugleich.

Frieden kann man von einem Augenblick zum nächsten verlieren – durch Starrsinn oder Täuschung, Stolz, Eigensinn oder die trügerische Hoffnung auf einen bequemen Ausweg. Doch es ist nie zu spät, ihn wieder zu suchen, selbst wenn er sich uns auch seit Jahren entzogen hat. Wenn wir es hinkriegen, uns selbst mit all unseren Macken einmal ehrlich unter die Lupe zu nehmen, dann sollte es nicht allzu schwer sein, uns wieder auf unser Bedürfnis nach Frieden zu besinnen.

Wieder und wieder ein Risiko eingehen

Daher traut dem Arzt
und trinkt seine Arznei schweigend und still:
Denn seine Hand, obwohl schwer und hart,
wird von der zarten Hand des Unsichtbaren gelenkt,
und der Becher, den er bringt, ist,
obwohl er eure Lippen verbrennt,
geformt aus dem Ton, den der Töpfer
mit seinen heiligen Tränen benetzt hat.
Khalil Gibran

Von Kindesbeinen an wird uns eingetrichtert, dass Vertrauen gefährlich ist, und in vielerlei Hinsicht stimmt das ja auch. Zu vertrauen birgt Risiken. Es bedeutet, dass man den Schutzmantel des Zweifels ablegt, und setzt die Bereitschaft voraus, die eigene Verwundbarkeit in Kauf zu nehmen. Doch das Misstrauen, das man uns als Kindern eingeimpft hat, um uns zu schützen, kann für uns als Erwachsene unser Untergang sein. Wir halten andere von uns fern, um nichts aufs Spiel zu setzen. Dadurch isolieren wir uns selbst. Ohne Vertrauen kann man weder teilen noch lieben.

Entgegen der landläufigen Meinung hat Vertrauen aber nichts mit willensschwacher Naivität zu tun. Vertrauen heißt nicht, unbeirrt und glücklich durchs Leben zu gehen, zu tun, als sei alles in bester Ordnung, und alles hinzunehmen. Eine solche Auffassung von Vertrauen wäre in der Welt, in der wir heute leben, glatter Selbstmord. Die Alternativen – Angst, Misstrauen und Argwohn – sind jedoch nicht minder tödlich. Der Mennonit Daniel Hess bemerkt:

▶ Obwohl fast alle Menschen krankenversichert sind, die Vierzig-Stunden-Woche uns genügend Freizeit beschert und viele in Wohlstand leben, obwohl die Wissenschaft ununterbrochen daran arbeitet, unsere Werkzeuge sicherer und die Launen der Natur berechenbarer zu machen, haben wir Angst.

Hektische Betriebsamkeit schnürt den Leuten den Magen zu und treibt ihnen den Schweiß auf die Stirn. Der Gedanke daran, was alles passieren kann, jagt ihnen Angst ein. Abhängigkeiten verursachen Panik, eine aus dem Gleichgewicht geratene Biochemie führt zu Depressionen. Es gibt zu viele, die bestimmen, wo es langgehen soll, zu viele Verpflichtungen und viel zu viele unerfüllte Wünsche.

Auch in den zwischenmenschlichen Beziehungen regiert die Angst. Die Menschen sind gestresst von den vielen Reibereien; Verrat und Betrug setzen ihnen heftig zu. Sie leiden unter der durchaus nicht unbegründeten Angst vor gerichtlichen Schritten, unfairem Wettbewerb, Abwertungen und feindlichen Übernahmen.

Leider führen Betrug, Klatsch und Verleumdung, die zu unvermeidbaren Bestandteilen unseres Alltagslebens geworden sind, dazu, dass sich viele nicht mehr trauen, jemandem zu vertrauen. Clare, ehemalige Geschäftsfrau, die nun einen Großteil ihrer Zeit den älteren Leuten ihres Viertels widmet, schreibt:

▶ Auf dem Weg zum Frieden ist Misstrauen eines der größten Hindernisse. Wir versuchen, uns und unsere Liebsten zu schützen, indem wir uns verschließen und alles dicht machen, aber im Endeffekt bauen wir dadurch um uns herum nur Mauern aus Argwohn. Wir erwarten sofort das Allerschlimmste, sobald jemand uns übervorteilt oder unfair behandelt – und das nicht nur in dieser einen Situation, sondern auch in allen darauf folgenden. Verletzlichkeit, eine enge Verwandte des Vertrauens, halten wir für ein Zeichen von Dummheit oder Naivität.

Vielleicht wollen wir uns mit diesem Mangel an Vertrauen ja nur schützen, aber wir erreichen das genaue Gegenteil. Allein die Liebe bietet den größtmöglichen Schutz und die höchste Sicherheit. Wenn wir aber nicht vertrauen, können wir weder lieben noch geliebt werden. Dann zerschneiden wir das Band zu Gott und zu unseren Mitmenschen.

In der Gemeinde, in der ich zu Hause bin, dem »Bruderhof«, gibt es, wie in allen Gemeinschaften, in denen man dicht beieinander lebt und das eigene Alltagsleben von jedem verfolgt werden kann, ein ungeheuer großes Spannungspotenzial, das durch Enttäuschungen, Vermutungen und Klatsch entsteht. Seit Gründung unserer Gemeinde vor nunmehr 80 Jahren haben wir aber die Erfahrung gemacht, dass das Bekenntnis zu einem offenen Wort und zu gegenseitigem Vertrauen für das friedliche Zusammenleben äußerst hilfreich ist. In den Regeln, die die ersten Mitglieder unserer Bewegung im Jahre 1920 aufgestellt haben, heißt es:

▶ Es darf niemals deutlich oder versteckt gegen einen Bruder oder gegen eine Schwester – gegen ihre Charaktereigenschaften – geredet werden, unter keinen Umständen hinter dem Rücken. Auch das Reden in der eigenen Familie bildet hierfür keine Ausnahme ...

Das offene Wort direkter Anrede bringt Vertiefung der Freundschaft und wird nicht übel genommen.

Ellen kann sich noch gut daran erinnern, wie aufgeregt sie war, als sie diese Regel zum ersten Mal las und feststellte, dass wirklich danach gelebt wurde:

▶ Als ich merkte, dass es hier keine Tratschereien gibt, niemanden, der hinterrücks über andere herzieht, fühlte ich mich unglaublich erleichtert. Wo ich herkomme, da gehört Tratsch zum guten Ton. Wie jeder habe auch ich mir laufend den Kopf darüber zerbrochen, was die anderen wohl hinter meinem Rücken über mich redeten. Aber wie viel Angst dahintersteckt, darüber hatte ich noch gar nicht richtig nachgedacht. Mir war überhaupt nicht klar, wie sehr belastend das gewesen war und wie sehr es mein Leben jahraus, jahrein vergiftet hatte. Und hier auf dem Bruderhof konnte ich mir plötzlich sicher sein, dass jeder, den etwas an mir stört, zu mir kommen und es mir direkt sagen würde. Es war, als ob man nach langer Zeit endlich wieder festen Boden unter den Füßen fühlte.

Sehr oft zerbrechen Beziehungen zu anderen nur deshalb, weil dieses Vertrauen einfach fehlt. Ob gerechtfertigt oder nicht und aus welchen Gründen auch immer, wir wagen es einfach nicht daran zu glauben, dass wir geliebt werden, wie wir sind, mit all unseren Fehlern und Eigenheiten. Aber genau das ist wichtig! Statt unser Leben auf Angst und Misstrauen zu verschwenden, sollten wir den Willen aufbringen, anderen immer wieder zu vertrauen – auch jenen, die uns schon einmal betrogen haben.

Wie man diese Stufe des Vertrauens erreicht? Es gibt kein Patentrezept, keinen einfachen Weg dorthin. Aber eins ist klar: Die Stärke unseres Vertrauens steht in direktem Zusammenhang mit dem Bild, das wir von uns selbst haben. Wenn wir stur dabei bleiben, dass unsere eigene Meinung mehr zählt als die anderer, dann brauchen wir uns nicht zu wundern, wenn es uns schwer fällt, jemandem zu vertrauen. Die Tugend der Demut ist nun einmal kein fester Bestandteil der menschlichen Natur, im Gegenteil, sie widerspricht unseren angeborenen Überlebensinstinkten zutiefst. Demut heißt mehr als nur sanftes, zurückhaltendes Benehmen. Sie verlangt die Bereitschaft, die eigene Verletzbarkeit zu akzeptieren und nicht zu verstecken. Deshalb ist unter den vielen Hürden auf dem Weg zum Frieden der Mangel an Demut wohl jene, die am schwersten zu erkennen und vor allem anzunehmen ist.

Über Demut und die Rolle, die sie im Rahmen der Vertrauensbildung einnimmt, lässt sich unendlich viel schreiben und diskutieren. Aber das alles ist nutzlos, wenn wir Demut nicht jeden Tag aufs Neue leben. Dazu gibt es keine Alternative. Denn nur, indem wir uns anderen gegenüber öffnen und ihnen Vertrauen entgegenbringen, können wir die verborgenen Vorteile erkennen, die Verletzbarkeit mit sich bringt. Und nur indem wir damit aufhören, uns dauernd selbst zu überschätzen, können wir lernen den Frieden anzunehmen, der nach dem Abschied von unserer Aufgeblasenheit und unserem Eigendünkel entsteht. Den Gegensatz zur Demut bilden Stolz und Macht. Der Journalist Malcolm Muggeridge schrieb einmal:

▶ Im Gegensatz zu Demut stehen Stolz und Macht. Macht ist eine der gemeinsten Fallen überhaupt. Wie grausam ist doch die Macht in all ihren Ausdrucksformen: der laut befehlenden Stimme, der nehmenden Hand und den vor Verlangen glühenden Augen. Auf Geld wäre am besten verzichtet worden, Organisationen würden am besten aufgelöst und die Menschen würden am besten voneinander getrennt. Es kann keinen Frieden geben als allein den, über die Zeit hinweg die Ewigkeit zu betrachten, wie man eine ferne Aussicht von einem Berg herab betrachtet.

Wir können keinen bleibenden Frieden finden, wenn wir nicht lernen, Vertrauen zu fassen. Und ohne Demut Vertrauen zu fassen ist unmöglich. Allerdings wäre es ziemlich naiv zu glauben, dass die Fähigkeit zu einem demütigen Leben in uns über Nacht heranreifen würde. Es handelt sich vielmehr um hoch wirksame Werkzeuge des Friedens, und diese sind ganz ohne Zweifel jede Anstrengung wert, die es kostet, sie zu meistern.

Der Autor Dale Aukerman weiß genau, was es heißt, die Kontrolle verloren zu haben, und es scheint, dass er alles Recht der Welt hat, mit seinem Schicksal zu hadern. Der Krebs, gegen den er seit Jahren ankämpft, kann ihn jederzeit besiegen. Aber Dale Aukerman lebt in Frieden. Dabei resultiert dieser Friede nicht etwa daraus, dass er sich mit dem Gedanken abgefunden hat, bald zu sterben. Sein Lebenswille ist unverändert groß, und er wird seinen Kampf mit Sicherheit nicht aufgeben. Doch die Nähe zum Tod entmutigt ihn nicht und bringt ihn auch nicht aus der Fassung. Er spürt, dass sein Vertrauen in eine höhere Macht ihm fortwährend neue Kraft gibt und immer wieder auf die Beine hilft:

▶ Am 5. November 1996 erfuhr ich, dass ich in meinem linken Lungenflügel einen Tumor von neun Zentimetern Durchmesser hatte. Anschließende Untersuchungen ergaben, dass der Krebs bereits Metastasen in der Leber, dem rechten Hüftknochen und der Wirbelsäule gebildet hatte. Man sagte mir, dass mir nur noch zwei, höchstens sechs Monate bleiben würden, mir also vielleicht eine Lebenserwartung von ungefähr vier Monaten blieb.

Es ist erstaunlich, wie man sein Leben auf einmal mit anderen Augen sieht, wenn man erfährt, dass einem nur noch ein paar Monate bleiben. Jeder neue Tag und jeder Mensch, der einem nahe ist, erscheint auf einmal so unendlich viel kostbarer als vorher. Jeden Morgen habe ich überlegt, welches Datum wir haben, und dachte, das ist wieder ein Tag, den Gott mir geschenkt hat. Mit dem Wissen, dass meine Zeit bald abgelaufen sein könnte, sah ich jetzt meine Familie, mein Zuhause und die Natur mit ganz anderen Augen.

Als meine Schwester mit 14 an Krebs starb, deutete meine Mutter das als Wille Gottes. Es hatte Gott gefallen, sie zu sich zu nehmen, und wer waren wir Menschen, diese Entscheidung in Frage zu stellen? Manche Leute finden durch diesen Glauben Trost. Aber ich sehe die Dinge etwas anders. Ich glaube nicht, dass Gott Herzkrankheiten oder Krebs schickt. Ich kann mir auch nicht vorstellen, dass es der Wille Gottes ist, wenn jemand betrunken Auto fährt und dabei einen Unfall verursacht, bei dem andere Menschen sterben. Es gibt so viele Dinge auf dieser Welt, die nicht von Gott gewollt sind und die nicht so laufen, wie er das will.

Nach sechs Chemotherapien, einer ganz speziellen Diät und unzähligen Gebeten vieler Freunde wurde wieder eine Computertomographie gemacht, bei der man feststellte, dass der Tumor in meiner Lunge nur noch ein Viertel seiner ursprünglichen Größe hatte. Zwei Ärzte bezeichneten das als Wunder.

Während meines ganzen Erwachsenenlebens war ich damit beschäftigt Frieden zu stiften. In den letzten Monaten habe ich vor allem Bibelstellen gesammelt, die vom Frieden handeln. Eine davon, an die ich denken musste, während ich in der Kernspin-Röhre lag, stammt aus dem Paulus-Brief an die Philipper: »Und der Friede Gottes, der höher ist als alle Vernunft, bewahre eure Herzen und Sinne in Christus Jesus« (Kap. 4,7).

Dieser Friede, wie Paulus ihn verstanden hat, bedeutet mehr als einfach nur die Ruhe des Geistes. Vielmehr meint er das Leben als Ganzes und unsere Beziehungen, die fest stehen gegen alle Versuche, uns zu zerbrechen und zu vernichten. Er ist ein Geschenk, das uns Halt geben kann, wenn wir uns in tiefster Dunkelheit bewegen. Er trägt mich auch jetzt.

Aus unsichtbaren Gefängnissen aufbrechen

Die Waffen niederzulegen, sich zu ergeben,
zu sagen, dass es einem Leid tut,
zu erkennen, dass man auf dem falschen Dampfer war,
und die Bereitschaft, sein Leben
von den Grundfesten auf neu zu beginnen –
ist die einzige Möglichkeit, aus der dunklen Höhle
herauszukommen.
C. S. Lewis

Sue verstand 1972 unter Frieden einzig und allein das Ende des Vietnamkriegs. »Weil ich in den sechziger Jahren groß geworden bin, hatte ich keinen Schimmer davon, dass Frieden etwas sein könnte, was darüber hinausging«, sagt sie heute. Sue war ein typisches Mittelklasse-Kind, dem es nie an materiellen Dingen fehlte. Trotzdem war sie gegen Ende ihrer Teenager-Jahre verzweifelt. Sie sehnte sich nach Ganzheit und Frieden für ihr Leben, war aber so sehr von Selbstverachtung und Schuldgefühlen erfüllt, so ausgepowert, dass sie nicht mehr weiterwusste.

▶ Als eines von vier Kindern eines alkoholkranken Vaters, der zu Gewalttätigkeit neigte, lebte ich in einer dieser »normalen«, kaputten Familien, nach außen ganz und gar bürgerlich und innerlich ganz und gar unglücklich. Mit neun oder zehn Jahren kam ich dahinter: Wenn ein Junge aus der Nachbarschaft mit mir gehen wollte, hatte ich auf einmal Macht über ihn. So fing ich an, mein Aussehen zu benutzen. Einem ganzen Haufen Jungs und Männern machte ich auf diese Weise etwas vor, ohne dass ich jemals wirklich Sex mit ihnen haben wollte. Ich wollte sie in der Hand haben.

1968, ich war 14, fand ich meine ältere Schwester und ihren Mann tot in ihrer Wohnung. Das Leben dieser wunderschönen zweiundzwanzigjährigen Frau, die erst vor drei Monaten einen Marinesoldaten geheiratet hatte, war zu Ende. Hatten sie sich gestritten? Waren ihm die Nerven durchgegangen? Lag es daran, dass er vielleicht nach Vietnam musste? Nur ihre beiden Leichen und eine Pistole waren übrig geblieben und konnten erzählen, was geschehen war.

Nach all dem geriet mein Leben in ein fürchterliches Chaos. Voll Hass und Wut, vor allem gegen meinen Vater, kam ich immer weiter von der Bahn ab und suchte Zuflucht in Amphetaminen, Haschisch und Marihuana. Zudem betrank ich mich jedes Wochenende mit einem anderen Kerl. Mit siebzehn hatte ich in sexueller Hinsicht schon so gut wie alles erlebt, was man erleben kann. Dabei waren einige meiner Freunde und ich Anhänger der Flower-Power-Bewegung (Friedens-, Liebes- und Antikriegsbewegung), die damals so wahnsinnig stark war. Anfang der Siebziger herrschte zwar überall großer Idealismus, aber der Egoismus, den viele in ihrem Sexleben praktizierten, stand diesen Idealen ziemlich unvereinbar gegenüber.

Zehn lange Jahre lang habe ich verzweifelt um meinen Frieden gekämpft. Aber so sehr ich auch gekämpft habe, ich konnte den dunklen Kerker, den ich selbst gemauert hatte, nicht verlassen.

Schließlich dämmerte es mir aber doch, dass ich mich befreien könnte, wenn ich nur einmal aus meiner Deckung kommen und mich als die jämmerliche Person betrachten würde, die ich in Wirklichkeit war. Ich musste jemanden finden, dem ich vertrauen und meine dunkelsten Geheimnisse beichten konnte. Ich musste umkehren, dann würde ich den Frieden finden, nach dem ich so lange gesucht hatte.

Während der darauf folgenden Tage zog mein Leben wie ein Film an mir vorüber: jede Berührung, jeder Blick, jedes Wort und jeder Gedanke, die mich beschäftigt hatten, all die Menschen, die ich betrogen und verletzt hatte. Unter Schmerzen, aber auch mit Freude brachte ich Licht in meine finstersten Geheimnisse, indem ich sie einer Freundin anvertraute. Immer und immer wieder musste ich zurückgehen, bis ich fähig war, die ganze dunkle Vergangenheit zu lüften. Aber jeder Gang zurück, jede Stufe der inneren Reinigung, erfüllte mein Herz mit Frieden. Die Jahre schienen von mir abzufallen, und ich fühlte mich wieder frei wie ein Kind.

Ich bin jetzt über 40, verheiratet und habe Kinder, aber ich fühle mich wesentlich jünger als mit 18. Und wenn mich heute jemand fragen würde, was Frieden ist, so könnte ich ihm darauf jetzt besser antworten als damals.

Jeder von uns ist bereit neu anzufangen und sich zu ändern. Das ist überhaupt nicht das Problem. Das Problem ist vielmehr: Wie? Es ist eine Sache, bescheiden, nett und freundlich zu sein – eine andere hingegen, Reue zu zeigen, die eigenen Fehler zuzugeben und aufrichtig zu bedauern, eben umzukehren. Doch so hart es auch klingen mag, ohne Umkehr gibt es keinen Frieden! Wenn man jedoch die Verantwortung für seine Fehler übernimmt und umkehrt, wird aus einem steinernen Herzen ein Herz aus Fleisch und Blut, dann verwandelt sich jeder Gedanke, jedes Gefühl, die gesamte Einstellung zum Leben.

Es ist recht einfach, einen Fehler durch eine Entschuldigung wieder gutzumachen, oder dadurch, dass man ein Auge zudrückt und die Dinge beschönigt. Die Menschen machen so etwas jeden Tag. Doch solche Maßnahmen mögen das Gewissen vielleicht für den Augenblick beruhigen, anhaltenden Frieden schaffen sie jedoch auf keinen Fall, ebenso wenig wie der Ansatz jener Psychologen und Psychiater, die den Leuten erzählen: »Sie haben gar nichts falsch gemacht, sondern sich ganz normal verhalten. Sie brauchen sich keine Sorgen zu machen deswegen!« Wirklichen Frieden findet man nicht, indem man seine Fehler leugnet, sondern indem man sie aufrichtig und festen Blickes betrachtet.

Umkehr hat allerdings nichts mit Selbstzerfleischung zu tun und bedeutet auch nicht, dass man über sich selbst in tiefes Grübeln oder in Depressionen verfallen soll. Wenn man es ehrlich meint, ist Umkehr jedoch ein schmerzhafter Prozess.

Jahrelang suchte Gerald vergeblich nach seinem Seelenfrieden. Obwohl er die Fehler seiner Vergangenheit bereute, hatte er sich ihnen nie wirklich gestellt. Er galt als zuverlässiger und schwer arbeitender Mensch, aber im Inneren litt er tiefste Qualen. Hinter der Fassade des treu sorgenden Familienvaters und engagierten Mitglieds einer christlichen Gemeinde trug er das Geheimnis einer totgeschwiegenen Affäre mit sich herum, die er in einer weit entfernten Stadt gehabt hatte und aus der ein Kind hervorgegangen war.

In der Midlife-Crisis, als es ihm richtig schlecht ging, zog er die ehrliche Bilanz seines bisherigen Lebens. Er sagt, ihm sei klar gewesen, dass er nichts beschönigen oder ungeschehen machen konnte. Doch nachdem er sich die drückende Last seiner Vergehen vergegenwärtigt hatte, fühlte er Reue und zog aus, um sich bei all den Menschen zu entschuldigen, denen er wehgetan und die er betrogen hatte. Danach, sagt er, war er wieder fähig, sich frei und vollwertig zu fühlen.

Während seine Abrechnung mit sich selbst plötzlich und sehr dramatisch vor sich ging, sagt Gerald, dass diese Erfahrung und der Frieden, den er dadurch für sich gewann, kein einmaliges Ereignis war, sondern ein Prozess, der bis heute noch nicht abgeschlossen ist:

▶ Oft habe ich gedacht, ich hätte nun meinen Frieden gefunden, nur um dann wieder festzustellen, dass es sich vielmehr um eine Teilstrecke auf dem Weg zum Frieden handelte, dass ich weitergehen muss. Ich denke, es wird immer so weitergehen. Vielleicht ist es vor allem das Streben nach Frieden, das uns den Frieden bringt.

Wie wichtig Umkehr ist, zeigt sich auch an den Erlebnissen meiner Tante Emy-Margret, einer Frau, die auf ihrer Suche nach Frieden sicherlich härter gekämpft hat als jeder andere Mensch, den ich kenne. Meine Tante ist inzwischen weit über 80. Als sie Hans kennen lernte, der später ihr Mann wurde, bewunderte sie ihn – wie übrigens alle, die ihn kannten – wegen seiner Intelligenz, seines Enthusiasmus' und seiner Ausstrahlung.

Doch was als glückliche Ehe begann, wurde schnell zu einem Alptraum. Nach außen hin sah alles toll aus. Bald kamen Kinder und die Familie schien ein normales und glückliches Leben zu führen. Im Privatleben aber offenbarte Hans sein anderes Gesicht. Er hatte einen unstillbaren Drang nach persönlicher Macht, die zu erreichen ihm jedes Mittel recht war, ganz egal, welche Nachteile ihm selbst oder anderen daraus entstanden.

Zunächst war meine Tante von der beherrschenden Art ihres Mannes irritiert, doch das hielt nicht lange an. Hans zu kritisieren hieß nämlich, sich seinen sarkastischen Spitzzüngigkeiten auszusetzen, und da war es einfacher – stressfreier und wesentlich bequemer –, ihn so zu nehmen, wie er war.

Das war allerdings kein reines Vergnügen: Hans misstraute so gut wie jedem, mit dem er lebte oder arbeitete, und er hasste wohl niemanden so sehr wie die Familie seiner Frau.

Doch die emotionale Abhängigkeit meiner Tante von ihrem Mann war derart groß, dass sie überhaupt nicht mehr merkte, wie sehr sie sich ihm angepasst hatte und wie verletzend auch sie selbst sich anderen gegenüber benahm. So rannten sie gemeinsam jeden über den Haufen, der sich ihnen in den Weg stellte und es wagte, ihnen zu widersprechen. Sie wurde zu seiner Komplizin, zur willigen Vollstreckerin seiner ehrgeizigen Pläne. Hans gegenüber blieb sie stets in der Defensive, sogar dann noch, als sie entdeckte, dass er über Jahre hinweg ein Verhältnis mit seiner Sekretärin gehabt hatte. Und auch nach seinem tragischen Tod bei einem Flugzeugabsturz in Frankreich schaffte sie es nicht, sich von ihm zu lösen.

Erst viel später ging ihr auf, dass ihr Leben eine große Lüge gewesen war, dass alles, woran sie sich geklammert hatte – Ansehen, Macht und die Achtung jener Menschen, die ihren sozialen Status bewunderten (oder sie darum beneideten) –, ihr nicht zu einem wirklich glücklichen Leben verholfen, sondern sie vielmehr ausgesogen hatte. In den Monaten darauf unterzog sie sich der schmerzhaften Aufgabe, die nicht miteinander zu vereinbarenden Gefühle und Treuepflichten zu sortieren und sich den Lügen und Halbwahrheiten zu stellen, die sie seit Jahrzehnten belastet hatten. Es war ein langer, intensiver Kampf, doch sie biss sich durch. Sie erkannte ihre eigene Schuld, die Intrigen ihres Mannes unterstützt zu haben, und brachte ihr Leben wieder in Ordnung.

Inzwischen sind 25 Jahre vergangen, und zweifellos hat die Suche nach Frieden meiner Tante viele Schmerzen bereitet. Sie hat ihren Mann verloren, ohne sich mit ihm aussöhnen zu können, hat alte Freunde vor den Kopf gestoßen, die auf Seiten ihres Mannes standen, und hat sich im Laufe dieses Prozesses sogar von einem Teil ihrer eigenen Kinder entfremdet. Aber sie hat mir versichert, dass sie, indem sie ihre emotionalen Bindungen zu ihrem Mann gelöst hat und umgekehrt ist, eine Zufriedenheit und innere Stärke gefunden habe, von der sie vorher nicht einmal etwas geahnt hatte. Vor ein paar Jahren schrieb sie: »Ich bin befreit worden und großer Frieden ist mir zuteil geworden, weit über das hinaus, worauf ich gehofft und wofür ich gebetet habe.«

Kämpfen um das, was wirklich für uns zählt

Bevor man sich festgelegt hat, herrscht Unschlüssigkeit, besteht die Möglichkeit, einen Rückzieher zu machen, herrscht fortwährende Wirkungslosigkeit.
W. H. Murray

Ashley Meany sah extrem gut aus. Diese Tatsache hob ihn bald von seinen Freunden ab, mit denen er im australischen Melbourne seine Jugend verbracht hatte. Mit 19 hatte ihm sein Aussehen bereits den Zugang zur europäischen Modeszene verschafft und ihm sofort zu einem Platz in der Schickeria verholfen. Jetzt waren die Laufstege von Paris, Mailand und London seine Welt:

▶ Ich war jung, und ich hatte es geschafft, in die Szene zu kommen. Ich stand bei Elite, der besten Model-Agentur überhaupt, unter Vertrag und war Model in Modenschauen von Leuten wie Giorgio Armani und so. Mein Bild prangte an jeder Plakatwand. Die ganze Sache hatte sich geradezu märchenhaft entwickelt für jemanden wie mich, der noch vor kurzem mit seinem Surfbrett an irgendwelchen Stränden in Australien rumgehangen hatte. Jetzt ritt ich auf dem Kamm einer echten Welle, und auf dieser Welle wollte ich so weit reiten, wie sie mich tragen würde.

Ich kam schnell dahinter, dass Model-Sein nicht nur ein Job ist, sondern ein Lebensstil. Es wird zu deinem Leben. Plötzlich öffnete sich für mich eine ganz neue Welt. Es gab coole Nachtclubs, in die man gehen konnte und in denen es Extratische für Models gab. Ich kriegte alles umsonst: Alkohol, Drogen, Sex. Es gab alles, man brauchte bloß zuzugreifen. Und ich griff natürlich zu!

In Mailand stellte ich irgendwann fest, dass ich völlig pleite war und nicht mal mehr meine Miete zahlen konnte. Aber das war überhaupt kein Problem. Ich zog einfach eine dieser »Dance for Dollars«-Nummern durch. Man wird zu einem Nachtclub gefahren, verbringt den Abend damit, sich zu besaufen und dabei mit so vielen Mädchen wie möglich zu flirten, und nachher wird man wieder nach Hause gebracht. Auf diese Weise locken die Clubs Frauen als Gäste in ihre Läden, und für mich machte sich so was gut bezahlt.

Oft war ich auf Partys, auf denen man am Ende regelmäßig versumpfte, und ohne zu wissen, wie ich eigentlich dahin gekommen war, fand ich mich an der Seite irgendeiner Berühmtheit wieder, mit der ich mir das ganze Wochenende über Kokain reinzog. Ich war immer bereit alles auszuprobieren, sogar Heroin.

Ruhm und Macht, Rampenlicht und Anerkennung, Reichtum und überall gefeiert zu werden, das waren die Dinge, die für mich zählten. In diese Richtung trug mich »meine« große Welle. Ich inszenierte eine großartige Show, und diese Show war ich selbst. Und es funktionierte. Die Show kam an, die Leute fühlten sich in meiner Nähe wohl. Ich war der verrückte Partytyp vom andern Ende der Welt, der mit beiden Beinen fest im Leben stand. So lebte ich und trieb mich in London, Paris und Mailand rum.

In den späten Achtzigern eroberte New Age die Modeszene. Weiße Kleidung wurde zum absoluten Muss, weil die Designer das Gefühl von Spiritualität in ihre Arbeit mit einfließen lassen wollten. Ich trug zu der Zeit einen Amethyst und beschäftigte mich intensiv mit Astrologie. Ich las viel über den Buddhismus und all das modische Esoterik-Zeug über Träume und so.

Am 20. August 1989 versank die Marchioness in der Themse. Das Ausflugsschiff war voll besetzt mit Models und ihren Agenten, die auf dem Fluss eine Party feiern wollten, als es mit einem größeren Schiff zusammenstieß und unterging. 57 Menschen ertranken. Viele waren randvoll mit Drogen zugeknallt. So eine von diesen Partys war das! Eines der Opfer damals war ein guter Freund von mir.

Nach dieser Katastrophe wurde meine Suche nach einem Sinn im Leben noch intensiver. Alles schien auf einmal völlig unwirklich. Trinken, LSD und Koks waren die einzigen Dinge, die mir noch etwas bedeuteten. Und dann, zwei Monate später, starb auch noch mein bester Freund in Australien an einem Asthma-Anfall. Unendlich viele Fragen gingen mir durch den Kopf, aber ich fand keine Antworten dazu.

An dem Tag, an dem er starb, war ich mit einem weiblichen Model verabredet. Sie hieß Sibs, das heißt: eigentlich Cyrille, aber alle nannten sie Sibs. Wir trafen uns im Park, gegenüber von einem bekannten Restaurant. Im Restaurant konnte man ja schlecht Haschisch rauchen, deshalb gingen meine Freunde und ich immer in den Park, um uns vor dem Essen noch einen Joint reinzupfeifen. Wir nannten das Gras auf Gras rauchen. Dabei ist sie mir über den Weg gelaufen.

Na ja, wir fingen an, uns regelmäßig zu verabreden, und zogen schließlich zusammen nach Paris, wo wir beide als Model arbeiteten. Wir begannen zu malen, und mit den Jobs als Model verdienten wir genug zum Leben. Wir wohnten in einem schönen Appartement am Montmartre, einer Gegend, die als alternatives Künstlerviertel gilt und wo sich viele nebenbei mit Esoterik beschäftigten, sicherheitshalber, sozusagen. Ich glaube, dort fing es an, dass wir uns richtig ineinander verliebten.

Während unsere Beziehung fester wurde, schraubte ich meinen Drogenkonsum ein wenig zurück. Aber meine Suche nach Frieden wurde mir immer wichtiger. Also las ich Bücher über Mythologie und versuchte mit Hilfe von Kristallen zu meditieren. Ein Freund, der auch mit New Age zu tun hatte, empfahl mir, ich solle mich doch auch mal mit den großen Religionen auseinandersetzen. Als Kind hatte ich mit der Kirche nichts zu tun gehabt, deshalb hatte ich vom Alten und Neuen Testament nicht die blasseste Ahnung. Ich wusste überhaupt nichts über Gott, und über Jesus schon mal gar nichts. Mein Freund kaufte mir eine Bibel. Also setzte ich mich an den Tisch und öffnete dieses Buch zum ersten Mal in meinem Leben.

Was ich an jenem Tag gelesen habe, hat mein Leben von Grund auf verändert. Das Gefühl, dass es Gott gibt und er sich um mich kümmert, hat mich überwältigt. Mit jeder Faser spürte ich das, und es haute mich völlig um! Mein erster Gedanke, der zeigt, wie es zu dieser Zeit in mir aussah, war: »Mann, wenn ich das irgendwie an den Mann bringen könnte, wäre ich morgen Millionär.« Drogen waren für mich zum Maß aller Dinge geworden, und ich dachte: »Hey, das ist besser als alles Ecstasy, Acid oder Koks, das ich je genommen habe.«

Die Liebe und der Frieden, die ich spürte, waren so neu und ungewohnt für mich. Ich wusste, das ist es, wonach ich gesucht habe und wonach viele andere suchen! Ich habe darauf gelauert, dass das Gefühl irgendwann nachlassen würde, aber es blieb, und manchmal kam es in den verrücktesten Situationen zum Vorschein. Einmal, als ich in der Pariser Metro saß und mit meiner Fotomappe zu einem Casting fuhr, tauchte es plötzlich wieder auf. Wärme. Liebe. Und es brachte mich zum Heulen vor lauter Glück, während ich da in der Bahn saß. Ich, der ich mich gerade um einen Modeljob bewarb, der cool sein musste und hart.

Sibs wusste zuerst nicht, was sie von der ganzen Sache halten sollte. Sie hatte ja schon meine Astro-Phase und den ganzen Kram mitgekriegt, und so dachte sie, dass das wieder eine meiner Spinnereien war. Sie blieb auch skeptisch, als ich mir allmählich einen christlichen Freundeskreis aufbaute und regelmäßig in die Kirche ging, wo ich mich übrigens erst einmal völlig unsicher und angreifbar fühlte, denn das lag alles so ganz und gar außerhalb meines Terrains. Aber was sich in mir verändert hatte, war dauerhaft und nicht nur irgendeine Masche. Als Sibs das begriff, gab sie endlich ihrer Neugier nach und machte sich selbst auf die Suche nach Gott. Und das erfolgreich!

Das Bewusstsein, dass Gott existiert, gab meinem Leben einen echten Sinn. Natürlich passierte das nicht alles über Nacht, aber die Saat war gesät, und eine Umkehr wurde unvermeidlich. Mir wurde klar, dass sich mein ganzes Leben völlig egozentrisch immer nur um mich selber drehte. Ich war der Mittelpunkt meines selbst zusammengezimmerten Universums. All das musste sich ändern. Und auch meine Beziehung zu Sibs musste sich ändern.

Zum Glück haben wir uns dazu entschlossen, zusammenzubleiben und miteinander noch einmal ganz von vorne anzufangen. Wir wollten, dass unsere Liebe dauerhaft und bedingungslos ist. Wir hörten auf, miteinander zu schlafen und dauernd zu streiten. Und wir machten uns daran, von den Drogen loszukommen, was wirklich nicht leicht war.

In einer kaputten Beziehung zu leben, war für uns beide ziemlich bequem gewesen, jetzt plötzlich aber mussten wir wirklich aufeinander eingehen, miteinander leben. Erstaunlicherweise kriegten wir es auf die Reihe, unser gemeinsames Leben auf einer neuen und schönen Grundlage wieder aufzubauen. Zwei Jahre später haben wir geheiratet und inzwischen haben wir einen 18 Monate alten Sohn.

Als ich mich für Gott entschied, wusste ich, dass ich keine halben Sachen machen durfte, auch wenn mir damals noch nicht klar war, wie hoch der Preis dafür sein würde, und ich lerne immer noch dazu. Und Sibs lernt mit mir. Meinen Job als Model habe ich drangegeben. Mir war klar, dass ich den Lifestyle, der dazugehörte, nicht mehr verantworten konnte, wenn ich auf das hörte, was ich in mir fühlte. Also gab ich es auf und verbrachte die darauf folgenden Jahre mit der Suche nach einem Beruf, dem ich mich von ganzem Herzen widmen konnte.

Eins ist klar. Man darf sein Leben nicht selbstsüchtig und egoistisch angehen. Man muss aus seiner eigenen kleinen Welt ausbrechen und andere Menschen mit einbeziehen. Ich habe so viele Jahre damit verbracht, mein Leben und das anderer Menschen durch meinen Egoismus zu zerstören. Jetzt stellt sich für mich immer die Frage: Was kann ich tun? Wo kann ich helfen? Klar, ich kann meine Vergangenheit nicht ändern, aber ich kann versuchen, den Rest meines Lebens etwas für andere zu tun. Im Augenblick arbeite ich in einer Einrichtung, die versucht, AIDS-kranken Kindern oder Kindern, die unmittelbar von der Krankheit betroffen sind, das Leben ein bisschen leichter zu machen. Mit jedem der fünf Kinder, die ich betreue, drei oder vier Stunden die Woche zu verbringen, ist für mich ebenso wichtig wie für sie.

Vor kurzem ist Joshua gestorben. Er war erst vier und war schon mit AIDS infiziert, als er auf die Welt kam. Ich hab ihn oft in den Arm genommen, dann haben wir MTV eingeschaltet und sind zusammen durchs Wohnzimmer seiner Mama getanzt. Wir hatten eine Menge Spaß dabei. Einmal lief ein Stück von Bob Marley, als wir durchs Wohnzimmer fegten, und da hatte ich diesen Flashback: Es war in einem Nachtclub in Mailand, schon ziemlich spät. Ich sah mich, umgeben von schönen Frauen, wie immer der Star des Abends. Ich trank viel und tanzte zu genau dem Marley-Song, der auch jetzt gerade lief. Welten prallten plötzlich aufeinander. In dem Augenblick wurde mir klar, dass Gott Berge versetzen kann. Denn so etwas sind Berge. Und die zu versetzen ist für mich ein viel größeres Wunder, als Berge aus Felsen zu bewegen.

Sowohl Ashley als auch Sibs haben auf der Suche nach Frieden und einem Sinn für ihr Leben dramatische Veränderungen erlebt. Ihr Leben hat sich verändert, weil sie Entscheidungen getroffen haben. Jeder muss fortwährend irgendwelche Entscheidungen treffen. Manche sind recht einfach, andere wiederum wollen wohl überlegt sein. Doch jede Entscheidung birgt ein Risiko in sich. Jedesmal stellt sich die Frage: »Was wäre, wenn ...?« In meinen Gesprächen mit all jenen Menschen, deren Einsichten in diesem Buch geschildert werden, fällt eine Sache auf, und zwar die große Rolle, die die freie Wahl und der eigene Wille bei der Suche nach Frieden spielen.

Der bekannte Psychiater Viktor Frankl, ein Überlebender des Holocausts, schreibt, dass Frieden immer das Ergebnis freier Entscheidung ist, auch angesichts solch charakterbestimmender Elemente wie menschliche Triebe, Erbmerkmale und die Prägungen durch die Umwelt.

> ▶ Natürlich trägt der Mensch Triebe in sich, aber diesen Trieben darf und muss er sich nicht überlassen. Was ererbte Merkmale angeht, so hat die Erbforschung festgestellt, wie groß die Kraft des freien Willens im Verhältnis zur erblichen Prägung ist. Was die Einflüsse der Umwelt angeht, so wissen wir, dass nicht das Umfeld den Menschen prägt, sondern dass alles davon abhängt, welche Einstellung der Mensch zu seiner Umwelt aufbringt und was er daraus macht.
>
> Somit ist der Mensch keinesfalls in erster Linie ein Produkt von Vererbung und Umfeld, sondern ein anderer Faktor spielt eine weit größere Rolle: die freie Entscheidung. Letztendlich liegen die Entscheidungen über einen Menschen bei jedem selbst. Und deshalb ist es wichtig, dass Erziehung immer eine Erziehung zu der Fähigkeit ist, Entscheidungen zu treffen.

Kaum jemand, führt Frankl aus, trifft wichtige Lebensentscheidungen fest entschlossen. Zwischen Rückziehern und Kompromissen lavierend fehlt den meisten das Rückgrat, fest zu ihren Entscheidungen zu stehen. Daher verspüren wir unentwegt Angst. Manchmal leben wir planlos in den Tag, was immer auch passiert, um uns dann wieder mut- und hoffnungslos in unser Schicksal zu ergeben. An einem Tag beweisen wir, wie wenig Rückgrat wir haben, und bilden uns zu nichts eine eigene Meinung, und am nächsten Tag verrennen wir uns stur und starrhalsig in eine Idee und werden zu Fanatikern. »Den Besten fehlt jede Überzeugung, während die Schlimmsten vor leidenschaftlicher Heftigkeit brennen« (W. B. Yeats). Letzten Endes können all diese Symptome auf unsere Angst zurückgeführt werden, Verantwortung zu übernehmen, und auf die Unentschlossenheit, die daraus resultiert.

Ich erinnere mich noch sehr gut daran, wie mein Mut zum ersten Mal wirklich auf die Probe gestellt wurde. Ich war vierzehn und ging in New York zur Schule, wo wir jeden Tag das Treuegelöbnis auf die amerikanische Fahne sprechen mussten. Als Immigranten-Kind fand ich dieses Ritual ziemlich befremdlich, und der unreflektierte Nationalismus, der auf diese Weise gefördert wurde, störte mich. Jeden Morgen musste ein anderer Schüler das Gelöbnis leiten, jeder kam einmal an die Reihe. An dem Tag, an dem die Reihe an mir war, ging ich nach vorne vor die Klasse und sagte, dass ich das Gelöbnis nicht leiten würde. Treue geloben würde ich allein Gott und nicht einem Stück Stoff.

Meine Lehrer und die Mitschüler waren völlig verblüfft. Man hätte eine Stecknadel fallen hören können, so still war es. Es war einfach unglaublich! Der Kalte Krieg war gerade auf seinem Höhepunkt und McCarthy trieb sein Unwesen. Jeder, der irgendwie aus der Reihe tanzte, wurde direkt verdächtigt, den Kommunisten zuzuarbeiten, und galt als Verräter. In Washington waren die Verhöre des berüchtigten

Senatsausschusses zur »Untersuchung unamerikanischer Umtriebe« in vollem Gange.

Im weiteren Verlauf dieses Morgens wurde ich zum Rektor gerufen und musste vor die versammelte Lehrerschaft treten, um mein Vorgehen zu erklären. Erst waren alle vollkommen geschockt, aber als ich meinen Standpunkt darlegte und erklärte, dass ich nicht aus Ungehorsam so gehandelt hatte, sondern weil ich der Meinung war, dass es wichtiger ist, nach seiner Überzeugung zu handeln, als eine »patriotische« Zeremonie anzuleiten, zeigte man Verständnis.

Meine Eltern waren natürlich überrascht, als ich ihnen nach der Schule alles erzählte, aber sie unterstützten meine Haltung. Für meinen Vater war die Sache klar: Wenn man nicht nach seinen eigenen Überzeugungen lebt, kann man nicht in Frieden leben, und wenn man damit Anstoß erregt, dann ist das eben so. Das ist allemal besser, als sich zurückzulehnen und so zu tun, als sei alles in bester Ordnung.

John Winter, ein älterer Herr aus England, den ich schon seit meiner Jugend kenne, schrieb mir kürzlich, dass die fruchtbarsten Abschnitte in seinem Leben jene waren, die er mit festem Entschluss und dem Willen, diesen Entschluss unter allen Umständen umzusetzen, angegangen ist:

▶ Mit 16 bin ich von der Schule abgegangen und habe anschließend im Labor einer Firma gearbeitet, in der Bleirohre und Farben hergestellt wurden. Abends fuhr ich nach London, um dort auf dem Abendkolleg einen wissenschaftlichen Abschluss zu machen. Mit 19 musste ich mich zum Militärdienst melden, aber weil ich die Grausamkeiten des Krieges nicht unterstützen wollte, entschloss ich mich, den Kriegsdienst zu verweigern. Als ich meinem Chef das erzählte, sagte er mir, dass die Firma gerade im Begriff sei, von der Rohr- und Farbherstellung auf die Produktion von Munition umzurüsten und dass meine Haltung mit der der Firma schwer in Einklang zu bringen sei. Ich war vollkommen vor den Kopf gestoßen. Ich erinnere mich an jenes Wochenende damals, als wäre es gestern gewesen, die vielen Stunden, in denen ich mir das Hirn zermarterte, was ich jetzt tun sollte. Wenn ich aufrichtig wäre, könnte ich meinen Job nicht mehr weitermachen. Aber wegzugehen schien mir auch unvorstellbar.

Ein Freund von mir hatte zu der Zeit gerade das gleiche Problem. Aber weil er keine gute Grundlage für seine Kriegsdienstverweigerung fand, änderte er schließlich seine Meinung und ging zur Luftwaffe.

Dieses Wochenende, an dem ich entscheiden musste, ob ich meinen Ansichten über den Krieg treu bleiben und auch danach handeln sollte oder weiter ein normales Leben führen wollte, war für mich entscheidend. Es bereitete mir einige schlaflose Stunden, aber schließlich wusste ich, dass ich meinen Job aufgeben musste.

Heute wirkt diese Entscheidung nicht gerade wie eine große Sache, aber für mich war sie es damals. Ich denke, es war das erste Mal, dass ich eine Entscheidung treffen musste zwischen dem, was ich wollte, und dem, was mein Gewissen mir riet. Jetzt, 58 Jahre danach, kann ich sagen, dass ich, nachdem ich mich entschieden hatte, plötzlich einen tiefen, unerschütterlichen Frieden empfand. Immer wieder, wenn mich seither mein Gewissen zu einem Schritt gedrängt hat, den ich zunächst erst einmal gar nicht machen wollte, musste ich daran denken. Jedes Mal bin ich meinem Gewissen gefolgt, und das hat mir zu meinem inneren Frieden verholfen.

Auf der anderen Seite habe ich gelernt: Wenn man einen Ruf hört und ihm nicht folgt, verändert es einen im Innern und man hört den nächsten Ruf, der kommt, nicht mehr so deutlich, oder er kommt erst gar kein zweites Mal.

Nachdem ich gekündigt hatte, war ich monatelang arbeitslos. Ich suchte nach Arbeit, die nichts mit dem Krieg zu tun hatte, aber es gab keine, zumindest nicht in dem Bereich, für den ich ausgebildet war.

Zum Nichtstun verurteilt zu sein ist schrecklich. Und ich kriegte nicht einmal einen Büro- oder Verkaufsjob. Aber trotzdem war ich mit meiner Entscheidung zufrieden.

Jeder kennt Menschen, die – anders als John – keinen Frieden für sich finden, weil sie zu ihren Entscheidungen nicht stehen können. Sie sind wie ein Segelboot ohne Kiel, das bei der leichtesten Böe umkippt, und erreichen ihr angestrebtes Ziel nur mit größter Mühe. Und manche erreichen es nie, sondern scheitern schon bei dem Versuch, sich zu entscheiden, was sie als Nächstes tun sollen. Ich kenne Menschen, bei denen eine solch lähmende Unentschlossenheit zu schwerem gefühlsmäßigen Ungleichgewicht geführt hat.

Frieden erreicht man mit Entschlossenheit. Das Leben wimmelt nur so von Einflüssen, guten und weniger guten, die um unsere Aufmerksamkeit werben. Wenn wir unentschlossen sind, welchen Kurs wir in unserem Leben einschlagen wollen, dann riskieren wir, dass es uns in alle möglichen Richtungen treibt.

Natürlich ist Entschlussfreude allein wertlos, solange es an der Bereitschaft fehlt, die Veränderungen, die sie mit sich bringt, anzunehmen und die Konsequenzen zu tragen. Das umfasst alle Bereiche des Lebens: die Bereitschaft zu vergeben, was nicht vergeben werden kann, sich an das zu erinnern, was wir lieber ganz schnell vergessen würden, und das zu vergessen, woran wir uns gerne erinnern. Es gehört die Bereitschaft dazu, zu lieben, wo wir vorher gehasst haben, dorthin zu gehen, wo wir nicht hinwollen und zu warten, wenn man uns vergessen hat. Bereitschaft zur Veränderung heißt auch nach vorne zu schauen und nicht nach hinten, unter die Vergangenheit einen Strich zu ziehen und sich hoffnungsvoll der Zukunft zuzuwenden. In letzter Konsequenz heißt es, bereit zu sein, alles zu geben, auch das eigene Leben.

Das Leben wählen

Geh nicht gelassen in die gute Nacht,
Im Sterbelicht sei doppelt zornentfacht.
Dylan Thomas

Sophie Scholl wurde 1943 wegen ihrer Zugehörigkeit zur Weißen Rose, einer Widerstandsgruppe Münchner Studenten, die Flugblätter gegen das Nazi-Regime verfasste, druckte und verteilte, enthauptet. Sophie Scholl war kein gewöhnliches 21-jähriges Mädchen, auch keine gewöhnliche politische Aktivistin. In dem Buch *Die Weiße Rose* erinnert sich ihre Schwester Inge Scholl an die ungewöhnliche innere Ruhe, die Sophie begleitete und ihr Kraft gab.

Ihr Bruder Hans war Gründer und aktivstes Mitglied der Weißen Rose. Als Sophie davon erfuhr, spürte sie: Die Weiße Rose war eine einsame Stimme, die für die Wahrheit eintrat; wenn sie diese Stimme nicht unterstützte, würde sie wahrscheinlich bald in den Lügen und dem lauten Propagandagebrüll der Nazis untergehen. Daher setzte sie ihre ganze Energie in diese Sache.

Einige Jahre zuvor hatten Hans und Sophie Scholl als Jugendliche Hitlers Versprechen, ein neues Deutschland zu schaffen, noch enthusiastisch begrüßt. Doch als sie sahen, wie viele Leben und Gewissen für Hitlers dämonisches Machtstreben zertreten wurden, wuchs ihr Entschluss, sich dem allgemeinen Strom entgegenzustellen. Ende 1942 war die Weiße Rose die wohl aktivste Widerstandsgruppe in Deutschland, aber auch die am meisten gefährdete.

1943 wurden die Anführer der Weißen Rose enttarnt und verhaftet, und nur fünf Tage später waren die Geschwister Scholl und ihre engsten Mitstreiter tot. Im April und Juli des Jahres folgten weitere Hinrichtungen.

Die Geschwister Scholl gingen mutig, ja geradezu stolz in ihren Tod. Es wird berichtet, dass Sophie, als sie ihr Urteil vernahm, ganz ruhig geblieben ist: »So ein herrlicher, sonniger Tag, und ich soll gehen . . . Was liegt an meinem Tod, wenn durch unser Handeln Tausende von Menschen aufgerüttelt und geweckt werden.«[3] In ihrem Fall entstand der innere Frieden durch das unerschütterliche Vertrauen auf die Gerechtigkeit ihrer Sache.

Natürlich hatte auch Sophie Scholl Augenblicke allergrößter Angst, aber sie stand zu ihrer Entscheidung, Hitler und sein Regime mit aller Kraft zu bekämpfen. Heutzutage ist so eine feste Überzeugung selten geworden. (Wer von uns würde so sehr für seine Überzeugung eintreten, dass er sogar sein Leben dafür opfern würde?) Und damit sind auch die Sicherheit und der innere Frieden, die daraus hervorgehen, selten geworden. Wenn wir nicht ganz und gar von der Richtigkeit dessen überzeugt sind, was wir tun, dann werden wir auch nie in der Lage sein, eine ähnliche Prüfung mit so viel Kraft und Ausdauer durchzustehen. Außerdem müssen wir dann auf die Gewissheit verzichten, dass unser Leben, selbst wenn es ein kurzes ist, zu etwas gut war.

Jeden Tag begegnen uns Ungewissheiten, die in uns sehr schnell Angst aufkommen lassen können. Doch während jeder Mensch mit seinen persönlichen Ängsten fertig werden kann, gibt es eine Angst, die das Vertrauen und die Sicherheit

[3] Inge Scholl: *Die Weiße Rose,* Frankfurt am Main 1955, S. 101

aller Menschen zu erschüttern vermag: unsere allgegenwärtige Angst vor dem Tod.

Wenn es jemanden gab, der Grund dazu hatte, sich vor dem Tod zu fürchten, dann war das Martin Luther King. Ungeheuer charismatisch und schonungslos offen setzte er sein Leben immer wieder für die Gleichbehandlung aller Rassen aufs Spiel. Am Ende bezahlte er schließlich den höchsten Preis. Wie jeder Mensch wird auch Martin Luther King Angst vor dem Sterben gehabt haben, aber die paar Mal, die ich ihn getroffen oder ihn reden gehört habe, strahlte er tiefe Ruhe und Frieden aus. Ich sah einen Menschen, der nicht den geringsten Zweifel an seiner Mission hatte und der nicht von den Ängsten um den Preis gebremst wurde, den er für die Ausführung dieser Mission zu zahlen hatte.

»Kein Mensch kann jemals frei sein, wenn er den Tod fürchtet«, sagte er in einer Rede, die er 1963 im Rahmen einer Bürgerrechtsversammlung hielt. »Aber in dem Augenblick, in dem wir die Angst überwinden, in diesem Augenblick sind wir frei.« Seine Freunde baten ihn, weniger Risiken einzugehen, aber sie ernteten lediglich ein Schulterzucken. »Ich kann mir keine Gedanken um meine Sicherheit machen«, sagte er, »ich kann mir keine Angst leisten. Ich muss der Sache dienen! Und wenn es eine Angst gibt, die ich für mich überwunden habe, dann ist das die Angst vor dem Tod ... Wisst ihr, wenn jemand nichts hat, wofür er zu sterben bereit ist, dann ist er auch nicht fähig zu leben.«

In dem Film »Die Verurteilten« aus dem Jahre 1994 verbringt Andy Dufresne (gespielt von Tim Robbins) Jahrzehnte hinter Gittern, um zwei Morde zu sühnen, die er gar nicht begangen hat. Seine Situation scheint ziemlich hoffnungslos, aber er resigniert nicht einfach. Stattdessen macht er sich, lediglich mit einem kleinen Steinhämmerchen ausgerüstet, an die langwierige Arbeit, einen Tunnel durch die meterdicken Gefängnismauern zu schlagen. Für ihn ist die Sache klar. Seinem Freund Red (dargestellt von Morgan Freeman) erklärt er, dass es im Leben nur zwei Möglichkeiten gibt: »Entweder beschäftigt man sich mit seinem Leben, oder man beschäftigt sich mit seinem Tod.« Vor dieser Wahl steht jeder von uns.

Als Carole mit ihrem Mann Dale Mitte der siebziger Jahre in unsere Gemeinde kam, war von Anfang an klar, dass sie zu jener Sorte Mensch gehörte, die sich mit ihrem Leben beschäftigt. In ihrer Unverblümtheit und mit ihrer Art, die Dinge beim Namen zu nennen, eckte sie bei einigen Leuten gehörig an, aber viele, vor allem Jugendliche und junge Erwachsene, fanden in ihr eine echte Freundin, der man vertrauen konnte. Auch wenn sie manchmal gegen Anfälle von Depression zu kämpfen hatte und sich zuweilen von den Leuten um sie herum ausgegrenzt fühlte, hat sie sich von ihren Ängsten nie kleinkriegen lassen. Für sie gab es nur eine Wahl: das Leben.

1995, als Carole 53 Jahre war, entdeckten die Ärzte bei ihr Brustkrebs. Die erste Chemotherapie ließ das Geschwür zurückgehen, doch im März 1998 schlug der Krebs wieder zu. Untersuchungen ergaben, dass sich inzwischen in beiden Lungenflügeln Metastasen gebildet hatten, an denen sie unweigerlich sterben würde. Fachärzte gaben ihr nur noch ein paar Monate. Anfang des Sommers ging es mit ihr sichtlich bergab und sie brauchte starke Schmerzmittel. Aber sie ging weiter zur Arbeit. Die Hochzeit ihrer Tochter, ursprünglich für Juli angesetzt, wurde auf Juni vorverlegt, weil Carole Angst hatte, sonst vielleicht die Feier nicht mehr zu erleben.

Doch Carole war eine Kämpferin und sie blieb nie lange am Boden. Immer wieder verblüffte sie ihren Mann, ihre Freunde – und höchstwahrscheinlich auch sich selbst –, indem sie dem Tod immer dann von der Schippe sprang, wenn wir dachten, nun ginge es endgültig zu Ende. Wir hätten es besser wissen sollen: Carole hatte fest vor, bei der Arbeit in ihrem Büro zu sterben. Ihr war klar, dass ihre Zeit bald abgelaufen war, und sie wollte keine Sekunde davon verschwenden. Es gab noch so viele Dinge, die getan werden mussten, so viele Leute, die ein aufmunterndes Wort oder ein freundliches Lächeln brauchten. Sie sagte, sie habe einfach keine Zeit zu sterben.

Carole starb am 1. Dezember 1998. Den Ärzten zufolge hätte sie schon lange vorher tot sein müssen. Doch Carole konnte einfach nicht aufhören. Sie betrachtete ihre Krankheit als eine neue Herausforderung, auf die es sich zu stürzen galt. In einem Interview, das sie einer Zeitschrift fünf Monate vor ihrem Tod gab, sprach sie über ihren Willen, das Leben ganz auszukosten:

▶ Als ich erfuhr, dass ich Krebs habe, war ich erst einmal entsetzt, denn ich hatte schon immer ganz furchtbare Angst vor dem Sterben. Aber das dauerte nur ein paar Minuten. Ehrlich gesagt fühlte ich mich irgendwie auch erleichtert, ich weiß nicht wieso, vielleicht, weil ich immer Angst vor dem Sterben hatte, und jetzt war es plötzlich so weit, ich hatte Krebs und jetzt brauchte ich mir darüber keine Sorgen mehr zu machen.

Natürlich hab ich später auch durchgedreht. Als ich nach der ersten Chemotherapie dasaß und diesen Klumpen unter meinem Arm fühlte, drehte ich durch! Ich glaube, bis zu dem Augenblick war mir die Möglichkeit, dass der Krebs für mich tödlich sein könnte, noch gar nicht richtig bewusst gewesen.

Mag sein, dass das ein bisschen blöd klingt, aber es ist wirklich so: Mein ganzes Leben lang hatte ich panische Angst davor, Krebs zu kriegen, und als ich ihn hatte, ihm sozusagen ins Gesicht geschaut hatte, hörte die Angst auf. Ich mag das Wort »Geschenk« nicht so besonders, weil es dauernd überstrapaziert wird, aber es war ein Geschenk. Dale und ich schauten uns an und sagten: »Jetzt ist es so weit. Jetzt sind wir in Gottes Hand.«

Mein Mann Dale machte sogar Witze, als sich herausstellte, dass ich Krebs habe. Er meinte, es wäre eine Schande, wenn ich an irgendetwas anderem sterben würde, wo ich mir doch mein ganzes Leben lang Sorgen wegen Krebs gemacht hätte.

Natürlich legt man sich nicht einfach ins Bett, wenn man erfährt, dass man Krebs hat. Man kämpft mit jeder Faser darum, weiterzuleben. Deshalb dachte ich zuerst auch, dass Chemotherapie die Lösung wäre, denn dabei habe ich gespürt, wie ich mit aller Kraft gegen den Krebs ankämpfte. Ich wollte direkt mit der größten Waffe ins Feld ziehen, koste es, was es wolle.

Dann stellte ich fest, dass es eine unheilbare Form von Krebs war, die ich hatte, die Menschen nun einmal nicht überleben. Ich glaube, sie sagten, die Chance durchzukommen sei 0,1 zu 99. Aber ich habe nicht danach gefragt, es war mir egal. Ich wusste schon durch meine Schwester, die an der gleichen Form von Krebs gestorben war, dass die Statistiken ziemlich finster aussehen. Das war der Augenblick, an dem ich sagte: »Vergiss den ganzen Zahlenquatsch. Ich jedenfalls werde nicht den Rest meines Lebens elend und kotzend im Bett herumvegetieren. Ich will mit meiner Krankheit *leben.*«

Und mit Krebs zu leben heißt, es wird einem ganz schnell klar, dass man jeden Tag nutzen muss; jede Minute ist auf einmal kostbar. Einen Großteil unserer Zeit beschäftigen wir uns mit belanglosen Problemchen und unwichtigen Überlegungen. Mir ist klar geworden, was für eine Verschwendung das ist, und dass sie aufhören muss. In jeder Beziehung gibt es Ärger, Neid, all diese Gefühle. Die kleinsten Dinge führen dazu, dass man andere verletzt oder sich selbst verletzt fühlt. Mir ist klar geworden, wie lächerlich das alles ist. Es ist völlig blödsinnig, seine Zeit mit solchen Dingen zu verschwenden. Dale und ich haben uns vor Augen geführt, dass wir wahrscheinlich Jahre unseres Lebens damit verplempert haben, aufeinander sauer zu sein oder uns Dinge nachzutragen, über die wir uns nicht einigen konnten, oder einfach damit, dass wir nicht genug Nachgiebigkeit aufgebracht haben, uns einem Problem zu stellen oder uns für etwas zu entschuldigen oder was auch immer.

Der Augenblick, die Zeit jetzt gerade, ist für jeden Menschen genau die gleiche. Und dieser Augenblick ist alles, was wir haben. Wir neigen dazu, zu sagen: »Ach, das mache ich morgen!« Oder: »Ich lass das mal, bis ich mehr Zeit habe, mich darum zu kümmern.« Aber das Morgen gehört uns nicht, niemandem! Alles, was uns sicher ist, ist das Heute und die Menschen um uns, die, mit denen wir leben oder arbeiten. Das zu erkennen war für mich eine große Herausforderung. Ich kann mich zwar an das, was gestern war, erinnern, aber ich kann es nicht noch einmal erleben. Und was morgen sein wird, weiß ich nicht. Alles, was ich habe, ist das Hier und Jetzt.

Gestern habe ich nicht geglaubt, dass ich den heutigen Tag noch erleben würde, und meine Familie und die Ärzte haben es auch nicht geglaubt. Im Augenblick fühle ich mich dem Tod nicht so nah. Aber das ist das Aufregende daran, was einen dazu zwingt in der Gegenwart zu leben. Mancher hält mich wahrscheinlich für verrückt, weil ich immer noch jeden Morgen hier ins Büro komme, aber Sie können sich nicht vorstellen, wie viel mir das bedeutet. Bei der Arbeit treffe ich all die Leute, die ich liebe. Ich will nicht zu Hause sitzen und die Wände anstarren, ich möchte unter Leuten sein und mit ihnen lachen und Witzchen machen und manchmal auch heulen. Ich könnte es absolut nicht ertragen, zu Hause allein im Bett zu liegen.

Es ist toll, so leben zu können, als würde alles weitergehen wie bisher. Das ist auch mein Rat an alle, die in so einer Situation sind: weiterzumachen, so lange und so gut man kann.

Jeder muss sein Leben leben, und jeder, dem das klar geworden ist, sollte sich um sein Leben bemühen. Diese Entscheidung erfordert die Bereitschaft, alles aufzugeben, unsere Pläne, alles. Ich meine damit nicht, dass man ein wer weiß wie leidenschaftlicher oder energischer Mensch sein muss. Das hat überhaupt nichts mit der Persönlichkeit zu tun. Es heißt lediglich, dass die wirkliche Entscheidung für das Leben unsere ganze Kraft in Anspruch nimmt.

Dankbar werden

Lebe dein Leben so,
dass die Angst vor dem Tod
dir nicht zu Herzen geht.
Wenn du morgens aufwachst,
dann sag danke für das Licht des neuen Tages.
Sag danke für dein Leben und deine Kraft.
Sag danke für deine Speisen
und für die Freuden des Lebens.
Und solltest du zufällig keinen Grund finden,
danke zu sagen,
dann sei versichert,
dass es an dir selbst liegt.
Häuptling Tecumseh zugeschrieben

Den meisten Menschen fällt es nicht schwer, sich zu bedanken, wenn ihnen etwas Gutes widerfährt. Aber sich von ganzem Herzen zu bedanken für alles, was da kommen mag, selbst wenn es etwas Schlimmes ist, bedarf ein ganzes Leben lang harter Arbeit. Meister Eckhart, ein Mystiker des Mittelalters, sagte, es würde genügen, wenn das einzige Gebet, das wir sprechen würden, »Danke« wäre. Oberflächlich betrachtet mag dieser Rat ganz leicht zu befolgen sein. Doch was bedeutet wahre Dankbarkeit? Henry Nouwen, der auf die Privilegien seiner Professur an der Yale Universität verzichtet hat, um in einem Pflegeheim für geistig behinderte Menschen zu arbeiten, hat einmal geschrieben:

▶ Dankbarkeit für das Gute, das uns widerfährt, ist leicht, aber für das ganze Leben dankbar zu sein – für das Gute wie für das Schlechte, für die schönen Augenblicke wie für die Augenblicke der Trauer und des Leids, für den Erfolg wie für den Misserfolg –, das bedarf harter geistlicher Arbeit. Aber wir sind erst dann wirklich dankbar, wenn wir für alles danke sagen können, was uns dahin gebracht hat, wo wir jetzt gerade sind.

Weil wir auf so viele Dinge im Leben überhaupt keinen Einfluss haben, müssen wir lernen, das, was uns widerfährt, nicht als Hindernis zu betrachten, sondern als etwas, an dem wir wachsen können. Solange wir vor jeder misslichen Lage, beängstigenden Situation oder Katastrophe zurückschrecken und uns ihr nicht stellen, werden wir keinen Frieden finden. Das heißt nicht, dass wir alles einfach hinnehmen müssen, was uns das Leben bringt. Doch gerade in einer ausweglos scheinenden Situation kann Dankbarkeit das ganze Leben verändern.

Jemand sagte mir neulich: »Als ich einmal völlig niedergeschlagen war, wurde mir auf einmal klar: Wenn ich in meiner Situation auch nur irgendetwas finden würde, für das ich dankbar sein könnte, wäre dies der erste Schritt aus meinem Elend. Und es gibt immer irgendetwas, worüber man sich freuen kann.«

Kurz vor seiner Hinrichtung schrieb Dietrich Bonhoeffer an seine Verlobte Maria von Wedemeyer: »Du darfst also nicht denken, ich sei unglücklich. Was heißt denn glücklich und unglücklich? Es hängt ja so wenig von den Umständen ab, sondern eigentlich nur von dem, was im Menschen vorgeht. Ich bin jeden Tag froh, dass ich Dich, Euch habe, und das macht mich glücklich froh.«[4]

Nach meiner Erfahrung ist die wichtigste Ursache der Undankbarkeit nicht etwa ein besonders schweres Schicksal, sondern das falsche Verständnis von Glück. Bonhoeffer wusste, dass der Zustand des Herzens oder der Seele nicht davon abhängt, ob man ein schweres Schicksal zu tragen hat oder nicht. Aber die meisten Menschen neigen dazu, ihr Glück an äußerlichen Dingen zu messen; die guten und schlechten Dinge im Leben werden gegeneinander aufgerechnet. Das Gute im Leben, Dinge wie Familie, Essen, Freunde, Liebe, Arbeit, betrachten wir jedoch, wenn wir einmal ehrlich sind, meistens als Selbstverständlichkeit. Wir denken eher, dass wir ein Anrecht darauf haben, als dass wir es als Geschenk ansehen.

Wenn hochgeschraubte egoistische Erwartungen dazu führen, dass wir mit dem eigenen Schicksal hadern, dann sind wir mit nichts zufrieden, getreu dem Motto: »Das saftigste Gras ist immer das auf der anderen Seite des Zauns.« Solange unser Sinnen nur auf unsere eigenen Wünsche und Bedürfnisse gerichtet ist, nehmen wir die Bedürfnisse anderer Menschen überhaupt nicht wahr, und die Dinge, für die wir dankbar sein sollten, noch viel weniger. Mein Vater schrieb einmal an einen unglücklichen Freund: »Du wirst immer einen Anlass finden, dich über irgendetwas zu beklagen. Aber wenn Du in Frieden leben willst, musst Du dazu bereit sein, auf diese Nörgeleien zu verzichten.«

Das wohl eindrucksvollste Zeugnis von Dankbarkeit in einer katastrophalen Lage findet sich in der alttestamentlichen Erzählung von Hiob, mit der sich Generationen von Lesern

[4] *Brautbriefe Zelle 92.* Dietrich Bonhoeffer, Maria von Wedemeyer 1943-1945, Darmstadt, 2. Auflage 1993, S. 208 (Brief von B. an W. vom 19. Dez. 1944)

auseinander gesetzt haben, sowohl ihres Inhalts als auch ihrer schönen Sprache wegen. Sie erzählt die Geschichte eines Mannes, der einfach alles hat: fruchtbare Felder, große Viehherden, emsige Diener und eine wunderbare Familie. Aber mit einem Schlag verliert er alles. Um ihn noch tiefer ins Elend zu stürzen, bekommt er am ganzen Körper schmerzhafte Geschwüre, und obendrein beschuldigen ihn seine Freunde auch noch, dass er all sein Leid und den Tod seiner Kinder selbst verschuldet habe, indem er irgendetwas Böses getan habe. Was das gewesen sein soll, wissen die Freunde allerdings auch nicht, und sie verbringen den Rest der Geschichte damit, darüber zu spekulieren. Sogar Hiobs Frau wendet sich von ihrem Mann ab und drängt ihn, Gott abzusagen und endlich zu sterben. Doch obwohl er am Boden zerstört ist, lässt Hiob nicht zu, dass die Verbitterung ihn kaputtmacht. Wider alle Vernunft hält er verbissen an seinem Vertrauen zu Gott fest, der ihm, wie er fest glaubt, vor allem das Leben geschenkt hat.

William Marvin ist Pfarrer in Alabama. Ich habe ihn voriges Jahr kennen gelernt. Er hatte unserer Gemeinde angeboten, bei der Versendung von Hilfsgütern nach Kuba behilflich zu sein. William hat vom Leben mehr als das gerechte Maß an Leid (falls es so etwas gibt) abbekommen, aber ich habe ihn niemals klagen hören. Trotz einer Hiob-artigen Serie von Prüfungen, einer beinahe tödlichen Krankheit, dem Tod des jüngsten Sohnes, dem Verlust seiner Arbeit und seiner Scheidung, ist er fähig zu erkennen, dass andere noch viel größeres Leid erfahren haben. Ich vermute, dass sein Friedenssinn aus seiner Geisteshaltung heraus entsteht:

▶ Als ich acht war, starb plötzlich meine Mutter. Nach kaum einem Jahr heiratete mein Vater eine wesentlich jüngere Frau. Unser Zuhause war kein glückliches. Mein Vater war Schulverwalter, der streng auf die Einhaltung von Disziplin achtete und sehr hohe Maßstäbe anlegte. Und genauso war er auch zu Hause. Ich wurde zwar nicht körperlich misshandelt, obwohl mir meine Stiefmutter schon ab und zu mal einen Schlag verpasst hat. Aber dafür wurde ich mit Spott und Sarkasmus überschüttet, das waren die Waffen, die gegen mich eingesetzt wurden. Es galt die Regel: »Was ›Mutter‹ dir sagt, wird auch gemacht!«

Als Jugendlicher rebellierte ich dann, indem ich in der Schule nur gerade das Allernötigste tat, um irgendwie durchzukommen. Das war meine einzige Waffe gegen meine Eltern, denn das war ihnen außerordentlich wichtig. Sowie ich die Schule abgeschlossen hatte, wurde ich an die Luft gesetzt und zog zu einem Onkel und einer Tante, bei denen ich wohnte, bis ich alt genug für den Militärdienst war. Die Zeit, die ich dort verbrachte, hat einen sehr nachhaltigen Eindruck hinterlassen. Ich erlebte Schlachten, sah, wie Menschen starben, und wurde selber verletzt. Im Anschluss an die Zeit beim Militär besuchte ich das College, obwohl ich zu der Zeit überhaupt keine Ahnung hatte, was ich mit meinem Leben anfangen sollte.

Dann habe ich geheiratet und bald stand ich da mit zwei Söhnen, einem Haus am Stadtrand, einer Hypothek und einem Auto. Ich arbeitete als Briefträger. Aber nach drei, vier Jahren war ich völlig unzufrieden mit meinem Leben. Ich durchforschte mein Gewissen, holte mir bei anderen Rat und entschloss mich schließlich, Pfarrer der Episkopalkirche zu werden. Nach zwei Monaten im Seminar gingen wir in Klausur. Ich war tief berührt und ging zum Klausurleiter, um ihm zu erzählen, dass meine Entscheidung Pfarrer zu werden falsch war, weil ich es nicht wert war. Er antwortete: »Natürlich bist du's nicht wert! Keiner von uns ist es wert. Aber wir sind die, mit denen Gott eben arbeiten muss!«

Nach seinem Examen und der Ordination arbeitete William in verschiedenen Kirchengemeinden. Aber er merkte schnell, dass sein Berufsverständnis ein anderes war als das seiner Vorgesetzten. Bald wurde er von seinen Aufgaben entbunden. Danach fand er lange keine neue Anstellung. Schließlich hatte er den Kurs der Episkopalkirche (das ist die Anglikanische Kirche in den USA) scharf kritisiert. Endlich fand er zu der Gemeinde, in der er heute arbeitet.

Während dieser Zeit schlug das Schicksal immer wieder zu. Williams jüngster Sohn starb bei einem Verkehrsunfall, dann ließ sich seine Frau mit einem anderen Mann ein und zog aus, es kam zur Scheidung. Der zweite Sohn wurde Alkoholiker und starb mit 35 an einem schweren Schlaganfall. Sicher, es gab auch Positives: Der älteste Sohn wurde ein erfolgreicher Rechtsanwalt, die Tochter promovierte und lehrt jetzt an der renommierten Notre Dame-Universität in Indiana. Und William hat bei den warmherzigen Menschen seiner jetzigen Gemeinde eine neue Familie gefunden. Dennoch war sein Leben alles andere als leicht.

▶ Ob ich Frieden gefunden habe? Ich denke schon. Ich habe meine Verpflichtung meinen Kindern gegenüber erfüllt, ich kümmere mich um die Menschen in meiner Gemeinde, und ich habe vor, das so lange zu tun, wie es Gott gefällt.

Aber es gibt noch etwas, was ich tun muss. Ich muss sterben. Und obwohl ich natürlich auch Pläne für die Zukunft habe, versuche ich doch, bis dahin jeden Tag so zu leben, als wäre es mein letzter.

Es geht nicht über meine Kraft zu glauben, dass mein Leben von Geburt an in Gottes Hand gelegen hat. Weder sind meine Söhne gestorben noch hat mich meine Frau verlassen, damit ich versucht werde, sondern solche Dinge geschehen einfach deshalb, weil die Welt, in der wir leben, nicht perfekt ist.

Vor 21 Jahren, als mich die Kirche gerade an die Luft gesetzt hatte, mein Jüngster umgekommen war, meine Frau sich von einem Herzinfarkt erholte (und außerdem im Begriff war, mich zu verlassen) und ich nur zehn Stunden pro Woche Arbeit hatte, bemerkte ein Freund, ich müsse mich doch fühlen wie Hiob. »Nun«, sagte ich, »bis jetzt bin ich noch nicht mit Geschwüren übersät.« Bis heute habe ich noch keine!

Gerade eben war ich am Krankenbett eines Arztes im Ruhestand, zu dem ich jeden Freitag gehe. Er liegt im Sterben. Drei seiner Töchter sind an Krebs gestorben, und seine Frau hatte vor einigen Jahren auch eine Operation wegen Krebs. Jeden Sonntag feiere ich mit ihm das Abendmahl. Er ist nicht der einzige hier in der Gemeinde, dem Gott die besondere Gabe verliehen hat, großes Leid zu tragen. Fast jeder hier ist irgendwann einmal von Leid eingeholt worden.

Eine junge Mutter erlitt an 40 Prozent ihrer Hautoberfläche Verbrennungen dritten Grades. Ihr Mann verließ sie und sie zieht ihre drei kleinen Kinder jetzt alleine groß. Sie macht das gut.

Dass Gott mir gestattet hat, solche Menschen kennen zu lernen und mein Leben mit ihnen zu teilen, war für mich eine große Belohnung. Dafür bin ich dankbar. Das hat mir Frieden gegeben.

Quälende Zerrissenheit überwinden

Es ist nicht das Ziel des Lebens,
auf Seiten der Mehrheit zu stehen,
sondern man muss versuchen,
nicht im großen Heer der Verrückten zu landen.
Mark Aurel

Wie sehr sich die persönlichen Formen der Suche nach Frieden auch voneinander unterscheiden mögen, ein roter Faden ist allen gemeinsam. Mehr oder weniger stark strebt jeder danach, ganz zu sein. Manche sagen, sie wollen vor allem ihre Ruhe, andere geben an, sie suchen ihren Frieden. Mancher strebt nach Gemeinschaft, andere sind auf der Suche nach einer Gemeinde. Dieser sucht nach innerer Gelassenheit und jener strebt eine friedliche Welt an. Doch unter der Oberfläche wird ihre Suche dadurch angestoßen, dass das Leben auseinander gebrochen ist und dass sie sich danach sehnen, diesen Bruch zu überwinden.

Unser Leben ist vielfach geteilt: zwischen Arbeit und Zuhause, öffentlichem und privatem Auftreten, Berufs- und Freizeitleben. An sich ist daran auch gar nichts verkehrt. Die Probleme entstehen da, wo es zu Widersprüchen und Konflikten zwischen den einzelnen Lebensbereichen kommt. Aus diesen Unvereinbarkeiten werden rasch faule Kompromisse, und die führen schnell zu Heuchelei.

Ein Freund hat mir einmal erzählt, dass es das Zerfallen seines Lebens in verschiedene Bereiche war, was ihn dazu veranlasst hat, sich auf die Suche nach Frieden zu begeben. Er arbeitete als Buchhalter in einer großen Firma in der Nähe von London. In dieser Eigenschaft hatte er einen festen Freundeskreis, als Friedensaktivist einen anderen und als Mitglied einer Gemeinde wieder einen ganz anderen. Schließlich war da auch noch seine Familie. Es gab nichts, was diese verschiedenen Lebensbereiche miteinander verband, und jeden Tag musste er einen regelrechten Eiertanz vollführen, um allen vier Bereichen gerecht zu werden.

Damals, in den sechziger Jahren, geriet der amerikanische Jesuitenpater Daniel Berrigan in die Schlagzeilen, weil er und acht Mitstreiter, unter ihnen sein Bruder Philip, in das Kreiswehrersatzamt des Städtchens Catonsville in Maryland eingedrungen waren und alle Einberufungsbescheide, die sie in die Finger bekamen, auf die Straße geschmissen hatten. In Gegenwart von Presse, Fernsehen und ein paar Zuschauern hatten sie die Einberufungsbescheide mit selbst hergestelltem Napalm übergossen und sie angezündet, um so ihren Protest gegen den Vietnamkrieg auszudrücken. Es sei nicht bloß die himmelschreiende Ungerechtigkeit gewesen, die ihn zu dieser Aktion veranlasst habe, sagt Berrigan, sondern auch das geteilte Gewissen, das so viele Pastoren damals zu faulen Kompromissen und Heuchelei geführt habe. Zu Friedenszeiten hielten sie enthusiastische Predigten über die Zehn Gebote und vor allem über das Gebot »Du sollst nicht töten«.

Aber im Krieg galt das plötzlich alles nicht mehr, und der Klerus war allzu bereit, die Bomber zu segnen, die durch ihre

Napalm-Abwürfe nicht nur feindliche Ziele vernichteten, sondern auch massenweise unschuldige Dorfbewohner umbrachten.

Seit dem Vietnamkrieg hat Berrigan durch seinen entschlossenen Einsatz für den Frieden eine Menge Bewunderer und Freunde gewonnen, aber natürlich auch viele Gegner. Aber die Widersprüchlichkeit, die Berrigan anprangert, taucht immer wieder auf.

Kriegsgegner befürworten Abtreibungen, während Befürworter militärischer Aktionen sie ablehnen, Abtreibungsgegner sind für die Todesstrafe und so weiter. »Jeder möchte ganz bestimmte Missstände bekämpfen, weil er der Meinung ist, dass dadurch eine bessere Welt entsteht«, erklärt Berrigan. »Die meisten vergessen, dass man nicht gleichzeitig ja zu Kindern und zur Bombe sagen kann.«

Rabbi Kenneth L. Cohen äußert sich ganz ähnlich. In einem Essay führt er den Lesern die Schizophrenie der Naziherrschaft vor Augen: Treue Ehemänner und fürsorgliche Väter »knallten am Morgen Juden ab«, hörten am Nachmittag Mozart und empfanden das in keiner Weise als Widerspruch.

Natürlich ist das ein sehr extremes Beispiel, aber es zeigt deutlich, wohin es führen kann, wenn innere Konflikte nicht bewältigt werden und so letztendlich nicht nur den Frieden, sondern das Leben selbst zerstören.

Charles Moore, früher Dozent an einer Universität, suchte nach Ganzheit für sich und sein Leben, aber er fand sie nicht. Irgendwann kam er dahinter, dass er so lange keinen Erfolg bei seiner Suche haben würde, solange er selbst ihr Mittelpunkt war:

▶ Wenn ich mir angucke, wie ich noch vor zehn Jahren gelebt habe, dann fällt mir auf, dass ich auf einen schleichenden Tod hingelebt habe, weil sich mein Leben in Einzelteile auflöste. Die explosive Energie meiner Jugendzeit ging bald mit mir durch, nicht, weil ich leichtsinnig lebte, sondern weil ich verzweifelt versuchte, alles zusammenzuhalten. Ich war besessen von dem Gedanken, alles zu geben, ein guter Mensch zu sein, alle Bedürfnisse zu befriedigen und alles richtig zu machen. Es gab so viele gute und wichtige Dinge, mit denen man sich beschäftigen musste, so endlos viel Wissen, das man sich aneignen musste, so viele wichtige Leute, Beziehungen und Verpflichtungen. Die Welt war voller Möglichkeiten! Ich wollte alles, und ich kriegte, was ich wollte! Doch nichts davon passte mehr zusammen. Ich war innerlich und äußerlich völlig zerrissen.

Wie ich da hineingeraten bin, ist für mich aus heutiger Sicht viel einfacher nachzuvollziehen als damals. Ich war schlicht nicht mehr in der Lage, die einzelnen Fäden meines übervollen Lebens zu einem sinnvollen Ganzen zu verknüpfen.

Da war zunächst meine Professur an der Uni – die Lehre auf der einen und meine Forschungsarbeit auf der anderen Seite. Beides verlangte meine ganze Aufmerksamkeit und gehörte theoretisch auch irgendwie zusammen. Aber in meinem Leben standen sich diese beiden Arbeitsbereiche unvereinbar gegenüber. Darüber hinaus galt es, berufliche Beziehungen zu Kollegen zu pflegen, obwohl mich mit den meisten über die fachlichen Dinge hinaus überhaupt nichts verband.

Die Anforderungen des Lebens nahmen ständig zu, aber meine Kraft blieb auf der Strecke. Denn es gab noch eine Menge anderer Dinge, die mein Leben ausfüllten.

Da gab es mein Privatleben, meine Frau Leslie, meine Freunde und ihre, meine Familie und ihre, eine Unmenge verschiedener Interessen, die sich an keinem Punkt zu berühren schienen. Gut – manchmal liefen sie vielleicht in eine ähnliche Richtung, aber sie trafen nie wirklich zusammen.

So sehr ich es auch versuchte, ich kriegte das alles nicht zusammen. Unfähig, auf irgendetwas zu verzichten, und völlig überfordert, alles gleichzeitig auf die Reihe zu kriegen, entwickelte ich allmählich ausgeklügelte Tricks, um irgendwie zurande zu kommen.

Ein guter Freund stand mir mit Rat und Tat zur Seite, wenn ich gestresst war. Zusammen mit meiner Frau versuchte ich mich durch verschiedenste Freizeitaktivitäten und Zerstreuungen abzulenken, ich konzentrierte meine Forschungsarbeiten und kürzte meine Lehrvorbereitungen zusammen, kappte besonders zeitintensive Beziehungen usw. Aber das alles brachte es nicht. So eifrig und arbeitsam ich auch war, mein Leben blieb ein Wust hektischer Aktivitäten, die nichts miteinander zu tun hatten. Das machte mich wütend und ließ mich allmählich verzweifeln.

In der Rückschau entbehrt es nicht einer gewissen Ironie, wie vollgestopft und gleichzeitig unerfüllt mein Leben damals war. Theoretisch hatte ich doch alles, was man sich nur wünschen kann: einen tollen Beruf, intellektuelle Betätigung, gemeinnützige Engagements, gute Freunde, materiellen Wohlstand und eine freie Hand in Bezug auf meine Forschungsarbeiten. Aber ich hatte nicht das Gefühl, mit mir selbst in Frieden zu leben. Es gab nur wenige Grenzen in meinem Leben und auf diese Weise hielt ich mir sämtliche Möglichkeiten offen.

Rückblickend ist mir klar, dass ich einem riesigen Selbstbetrug aufsaß: Das ist dein Leben, mach damit, was du willst! Mein Leben war für mich der Mittelpunkt der Welt, auch wenn ich mich damit tarnte, dass ich etwas für andere tat. All meinen Bemühungen zum Trotz, ein selbstloses Leben zu führen, war ich ein Gefangener eines typischen Mittelklasse-Lebens, das sich nur um meine Wünsche und Bedürfnisse drehte, und das nicht nur im übertragenen Sinne, sondern ganz wörtlich. Ich erkannte einfach nicht, dass diese Art zu leben unecht und falsch war.

So sehr ich auch versuchte, die einzelnen Bereiche meines Lebens zusammenzukriegen – es blieb alles ohne Erfolg. Erst als ich aufhörte, meine eigenen Wünsche und meine Unabhängigkeit zum Maßstab meines gesamten Handelns zu machen, ergab sich für mein Leben allmählich so eine Art innerer Zusammenhang, und mir ging auf, dass ich mich entscheiden musste: Entweder würde ich so weitermachen wie bisher, indem ich versuchte, die vielen Wünsche, Dinge und Beziehungen, die ich mir ausgesucht hatte, unter einen Hut zu bringen – oder ich würde noch einmal ganz von vorne anfangen, auf einem ganz neuen Fundament aufbauen, bei dem die Gemeinschaft und nicht nur das Ich, die gegenseitige Hilfe und nicht die Erfüllung der eigenen Wünsche im Vordergrund standen.

Ich glaube nicht, dass sich die Frage nach meinem persönlichen Frieden für mich jemals ganz erledigen wird. Aber das, was ich wirklich will, und das, was ich tue, steht sich nicht mehr unvereinbar gegenüber. Beides wird jetzt zusammengehalten. Nicht etwa gewaltsam oder durch große Willenskraft, sondern durch ein tiefes Gefühl von Frieden. Und das Merkwürdige an der ganzen Angelegenheit ist, dass ich mir diesen Frieden nicht erkämpft habe, sondern dass er in dem Augenblick in mein Leben trat, als mir klar wurde: Es gibt jenseits vom Mythos Selbstverwirklichung ein tieferes und reicheres Leben.

Marks und Paulines Suche nach Frieden fing an, lange bevor sie sich in Belfast trafen und später heirateten. Mark, der aus einer typischen Arbeiterfamilie stammt, verbrachte die ersten zehn Jahre seines Lebens in einer kleinen Bergarbeiterstadt in der Nähe von Birmingham. Er wuchs in einer Nachbarschaft auf, die trotz der harten wirtschaftlichen Verhältnisse, die dort herrschten, zusammenhielt, wo sie nur konnte. Aber dann zog er mit seiner Familie in eine Sozialbau-Siedlung einer großen Industriestadt, wo Glück und Geborgenheit aus den Kindertagen nach und nach auf der Strecke blieben. Als Mark fünfzehn war, ließen seine Eltern sich scheiden. Er fühlte sich verletzt und betrogen und hatte zu niemandem mehr echtes Vertrauen. Die Schule hatte er inzwischen geschmissen. Er wohnte bei seiner Mutter, aber die Spannungen wurden immer größer, und mit siebzehn haute Mark von zu Hause ab.

Ohne zu wissen, wo er hingehen sollte, schlug er sich nach London durch. Dort hoffte er einen Job zu finden und sich darüber klar zu werden, wie es mit seinem Leben weitergehen sollte.

▶ Ich war immer auf der Suche nach etwas Echtem und Ursprünglichem. Ich hatte mich mit verschiedenen Religionen beschäftigt, hatte bei allen möglichen Gruppen und Bewegungen reingeschnüffelt, aber überall roch es extrem nach Heuchelei.

Auf keinen Fall wollte ich mich irgendwo engagieren, wo mir nicht wirklich Wahrhaftigkeit begegnete. Denn danach suchte ich: Wahrhaftigkeit. Für mich war Wahrhaftigkeit damals etwas ausgesprochen Selbstloses. Wenn ich irgendwo egoistische Beweggründe entdeckte, gab es für mich dort keine Wahrhaftigkeit. Dabei war ich selbst natürlich egoistisch bis zum Anschlag, aber das war mir damals noch nicht klar.

Nach zehn Jahren rastloser Suche zwischen Fabrikjobs, Obdachlosigkeit in London, Momenten tiefster Einsamkeit, nach immer neuen Drogenerfahrungen und ab und zu einigen Tagen hinter Gittern, einem Tripp zu einem buddhistischen Kloster in Tibet und einem Ashram in Indien kam Mark schließlich nach Nordirland.

Dort, in Belfast, lernte er durch einen Freund Pauline kennen. Sie studierte damals Kunst. Die beiden hätten keine unterschiedlichere Herkunft haben können. Pauline wurde zwar in England geboren, kam aber schon mit vier Jahren nach Nordirland, weil ihr Vater als Manager eines großen Unternehmens dorthin versetzt worden war. Sie erinnert sich:

▶ Ich hatte in vielerlei Hinsicht eine sehr behütete Kindheit. Als wohlhabende englische Familie konnten wir es uns leisten, in einem hübschen Vorort sechzehn Kilometer von Belfast entfernt zu wohnen. Ich besuchte eine protestantische Schule. Irische Geschichte wurde da nicht gelehrt. Meine Familie hatte aber auch mit dem nordirischen Protestantismus nicht viel zu tun. Wir gingen nicht zur Kirche. Und mein Vater sympathisierte mit den Katholiken, die in seiner Firma wie Menschen zweiter Klasse behandelt wurden.

Ich weiß noch, dass wir plötzlich nicht mehr nach Belfast hineindurften, als die Unruhen losgingen. Überall war auf einmal die Britische Armee zu sehen. Erst als Teenager lernte ich Leute aus Belfast selbst kennen und bekam mit, wie dieser Bürgerkrieg ihr Leben kaputtmachte. Es dauerte noch Jahre, bis ich wirklich begriff, was da vor sich ging. Normalerweise sieht jemand, der so aufwächst wie ich, so etwas gar nicht, es sei denn, er sucht danach.

Pauline revoltierte gegen ihr reiches Elternhaus und verließ mit siebzehn Nordirland, um für ein Jahr im Norden Englands eine Kunstschule zu besuchen. Schließlich kehrte sie zurück und schrieb sich in Belfast ein.

▶ Wenn ich eins nicht wollte, dann war das ein normales, bürgerliches Leben – ein hübsches Häuschen, ein schickes Auto, einen tollen Job und diesen ganzen Kram. Allerdings waren das die Dinge, um die es meinen Studienkollegen ging. Deshalb merkte ich irgendwann, dass ich da raus musste.

Pauline ging wieder nach England und setzte ihr Studium in Portsmouth fort:

▶ Auf der Kunstschule drehte sich alles nur um Selbstdarstellung. Nicht, dass irgendjemand einem irgendwas gezeigt hätte! Wir gingen in diese Schule, und es wurde von uns verlangt, dass wir uns von morgens bis abends selbst darstellten. Zu der Zeit war gerade Punk angesagt, und alle kehrten Gewalt und Zorn hervor, nur diese krassen Gefühle. Innerlich sehnten wir jungen Leute uns nach Liebe und Wahrheit, aber durch das alles dominierende Gefühl von Hoffnungslosigkeit drückte sich das oft auf sehr düstere und selbstzerstörerische Art und Weise aus. Die vorherrschende Stimmung damals war völlig destruktiv. Wir wohnten in besetzten Häusern, und einige schliefen sich durch die Studentenschaft und rauchten unaufhörlich Dope. Mit diesem Gefühl der Leere konnte man einfach nicht leben. Es machte einen fertig.

Nach und nach warf ich sämtliche moralischen Werte über Bord. Es gab nichts mehr, woran ich mich festhalten konnte, und ich tat vielen Leuten ganz schön weh, mich selber eingeschlossen. Mir war klar, dass mein Leben in Stücke brach, also versuchte ich, irgendwie wieder einen Sinn hineinzukriegen. Ich besuchte ein paar Kirchen in Portsmouth. Nicht die Gottesdienste, sondern ich ging einfach so hin, um dort ein bisschen Zeit für mich zu verbringen. Das allein kostete mich schon eine Freundschaft. Gegen Ende des Jahres stand ich vor einem totalen Nervenzusammenbruch. Darum ging ich zurück nach Nordirland, froh, in eine vertrautere Umgebung zurückzukehren, in der man sich um einen kümmert.

Ich fand einen Job als Köchin in einem Heim für junge Strafgefangene, die auf Bewährung draußen sind. Mark arbeitete schon dort. Unsere Suche hat uns zusammengeführt. Es war nicht so, dass wir uns auf den ersten Blick Hals über Kopf ineinander verliebt haben oder so. Aber wir merkten beide, dass wir gemeinsam weitersuchen konnten, und dass keiner von uns sagen würde: »Gut, aber jetzt machen wir Schluss. Wir sind weit genug gegangen.«

Mark und Pauline heirateten, und mit einem bisschen Geld, das sie geerbt hatten, kauften sie sich ein Häuschen auf dem Land im Nordwesten von Nordirland.

In der ruhigen Abgeschiedenheit fanden sie genügend Zeit und Muße zum Nachdenken, und eine Zeit lang genügte es ihnen, sich die schöne Umgebung anzuschauen, in der sie lebten. Nach einiger Zeit fühlten sie sich allerdings sehr einsam. Und nach der Geburt ihrer Tochter zogen sie wieder nach England, um ihre Suche fortzusetzen. Mark erzählt:

▶ Wir gingen in verschiedene Gemeinden, probierten verschiedene Religionen aus. Ich las nicht viel in der Bibel, aber das bisschen, was ich gelesen hatte, gab mir das Gefühl, dass das Leben Jesu ganz echt und ehrlich war. Mir war nur nicht klar, welche Auswirkungen das für mein Leben haben könnte. Und in den Kirchen fand ich diese Aufrichtigkeit auch nicht wieder. Dort war alles so verwässert.

Eine Zeit lang lebten wir in der Nähe von London und engagierten uns in einer Gemeinde, von der wir glaubten, dass die Leute dort ihren Glauben ernst nahmen. Doch nach kurzer Zeit war klar, dass auch hier Streit herrschte. Die Menschen steckten voller Groll und redeten hinter dem Rücken schlecht übereinander. So etwas konnten wir nicht akzeptieren.

Mark und Pauline zogen nach Bristol, wo sie mit ein paar Freunden zusammen in zwei nebeneinander stehende Häuser in den verrufensten Stadtteil zogen. An den Straßenecken standen Prostituierte, es wurde ganz offen mit Drogen gedealt und Mord war keine Seltenheit. Sie versuchten ein Gemeinschaftsgefühl zu schaffen. Mark drückt das so aus:

»Wir waren so was wie christliche Punks. Zusammen zu leben und zu teilen war nicht gerade einfach. Aber wir merkten, dass wir einem ehrlichen Leben, nach dem wir suchten, näher kamen.«

Binnen eines Jahres zerfiel die Gruppe und Mark und Pauline suchten weiter. »Wir suchten nach etwas, was ganz anders war als alles, was wir bisher gesehen hatten«, erinnert sich Mark. »Für uns war klar, dass wir mit anderen zusammenleben mussten, um uns selbst als ganze Menschen, als Individuen zu fühlen.«

Das Herumreisen und Suchen zahlte sich schließlich aus. Gemeinsam fanden sie eine Gemeinde, in der die Leute hart daran arbeiten, ehrliche und offene Beziehungen untereinander zu pflegen und üble Nachrede zu unterbinden. Mark sagt: »Es war ein Ort, an dem die Leute zusammenhielten, zusammen durch dick und dünn gingen und sich gegenseitig unter die Arme griffen, wenn etwas mal nicht so funktionierte. Es war ein Ort, wo ich endlich wieder gelernt habe, anderen zu vertrauen.«

Vierzehn Jahre später leben die beiden immer noch dort. Trotzdem würden sie nicht behaupten, für immer ihren Frieden gefunden zu haben. Sie machen sich jeden Tag neu auf den Weg. »Ganzheit und Frieden finden wir, wenn wir uns von den Fehlern abwenden, die wir in der Vergangenheit gemacht haben«, sagt Pauline.

▶ Zuerst war es nicht gerade einfach, dem Leid ins Auge zu schauen, das wir anderen angetan hatten – zum Beispiel durch Sex ohne feste Beziehung. Aber wir haben eingesehen, dass wir uns ändern müssen, und haben das in Ordnung gebracht, was wir in Ordnung bringen konnten. Dadurch sind wir frei geworden und haben die Kraft gewonnen weiterzumachen. Natürlich machen wir auch jetzt noch Fehler, und manchmal verletzen wir uns gegenseitig oder tun den Leuten in unserer Umgebung weh. Aber es gibt immer die Möglichkeit, um Verzeihung zu bitten und den angerichteten Schaden wieder gutzumachen. Und dann kann man wieder weitergehen. Das macht unsere Herzen weich und stärkt die Liebe für unsere Nächsten. Es ist das, was uns am Leben hält.

Sich selbst vergessen

Lass nicht zu, dass Schwierigkeiten
dich entmutigen oder ablenken.
Mach dir nicht so viele Gedanken
über dich selbst.
Das, was nach jedem von uns greift,
ist so groß,
dass unsere kleinen Schwachheiten
uns nichts anhaben können.
Eberhard Arnold

Einen perfekten Frieden gibt es ebenso wenig wie einen Frieden, der, einmal erreicht, nie wieder verloren gehen kann. So vorsichtig und aufmerksam wir auch den Trittsteinen durch das Wasser folgen mögen – wenn wir die andere Seite erreicht haben, sind wir immer noch wir selbst. Trotzdem besteht kein Zweifel daran, dass sich in unseren Herzen eine ganz neue Dimension des Lebens öffnet, wenn wir einmal Frieden erfahren haben.

Einige, die zu diesem Buch beigetragen haben, sagten mir, dass der Frieden, den sie suchen und den sie mit anderen teilen wollen, sich am besten als Fülle des Lebens beschreiben lässt. Für sie ist die Suche nach Frieden als Selbstzweck eine viel zu ichbezogene Angelegenheit: »So, jetzt habe ich meinen Frieden gefunden. Und was jetzt?« Das Leben, nach dem sie suchen, zeichnet sich nicht dadurch aus, dass es unbedingt frei von Tränen oder harten Schicksalsschlägen sein muss, sondern seine Fülle offenbart sich viel mehr durch innere Freiheit und Freude, durch Mitleid und Gerechtigkeit.

Josef Ben-Eliezer, ein Jude aus Deutschland, der in Paris lebt, verbrachte den Großteil seiner Jugend mit der Suche nach so einem Leben, obwohl er das damals wahrscheinlich anders beschrieben hätte:

▶ Der große Hass und das ganze Blutvergießen, die ich während meiner Kindheit erlebt habe, haben mich dazu bewogen, mich auf die Suche nach Frieden zu machen. Im Zweiten Weltkrieg floh meine Familie zunächst von Deutschland nach Polen, musste dann weiter nach Sibirien und kam schließlich nach Israel. Ich hatte das Gefühl, dass man Frieden nur dann finden kann, wenn man nach Brüderlichkeit sucht, die die ganze Welt so sehr braucht. Das war der Grund, mich auf die Suche zu begeben.

Ich war in der zionistischen Bewegung in Israel engagiert und auch in einige Konflikte verwickelt, die sich aus diesem Engagement ergaben, aber als Israel schließlich unabhängig wurde und ich merkte, dass ein System entstand, das auch Unterdrückung in Kauf nahm, wollte ich damit nichts mehr zu tun haben. Ich schaute, ob nicht die Weltrevolution eine Antwort auf meine Fragen gab, und studierte Marx, Lenin und Trotzki. Später dann, in Paris, nahm ich an zahlreichen linken Aktionen teil. Doch dabei quälte mich immer stärker die Frage, ob es eine Garantie dafür gab, dass, wenn die Revolution siegreich sein sollte, nicht jene, die sie an die Macht brachte, ihrerseits die Massen unterdrücken würden, so wie das in Russland und anderswo geschehen war.

Ich fing an, mich mit dem Urchristentum zu beschäftigen, und mir kam ein ganz neuer Gedanke: Die Kirche in den ersten

Jahrhunderten ihres Bestehens war eine völlig revolutionäre Bewegung, die eine neue Ordnung ausrief und auch danach lebte. Der Jesus, dem diese Leute nachgefolgt waren, war nicht der Jesus, wie ihn die konventionellen Christen heute sahen, sondern sie waren dem echten, historischen Sohn Gottes gefolgt, der die Spaltung zwischen den Menschen und den Völkern aufgehoben hatte.

Auf der Suche nach den Gründen dafür, warum die Menschen sich immer weiter auseinander lebten, fand ich schließlich eine Gruppe Gleichgesinnter. Ich glaube, dass alle Menschen in Harmonie und Eintracht mit anderen leben wollen. Doch bevor eine solche Harmonisierung der Herzen überhaupt funktionieren kann, muss ein grundlegender Gesinnungswechsel stattfinden. Es gilt umzukehren und das ganze Leben vollkommen umzukrempeln. Das habe ich selbst erfahren, und ich erfahre es immer aufs Neue.

Es gibt nur wenige Menschen, die diese Einheit bei den Menschen, die sie umgeben, wirklich erleben. Wir haben uns an Uneinigkeit und Angst gewöhnt. »So ist das eben!«, sagen wir. Der Alltagsstress und unsere eigene Dummheit und Schwerfälligkeit führen nicht selten dazu, dass wir nicht mehr über unseren eigenen Tellerrand schauen. Wenn wir nach Frieden suchen, so tun wir das auf höchst ichbezogene Art und Weise.

Thomas Merton, der den Wert von Kontemplation und Ruhe ebenso kannte wie die Notwendigkeit sozialer Arbeit, hat über seine eigene Suche nach dem Frieden geschrieben. Er weist darauf hin, dass die Suche nach Frieden zusammengehen muss mit etwas, was er die Offenheit der Liebe nennt.

▶ Das ruhige, kontemplative Leben, das Sich-Sammeln, ist eine Form der Suche nach Frieden ... aber nicht durch eine unfruchtbare und negative Abkehr von den Sünden dieser Welt, sondern allein dadurch, dass man sich der Liebe öffnet.

In das Kloster kam ich aus Protest gegen das heillose Durcheinander meines Lebens. Ich wollte nichts mehr zu tun haben mit den hektischen Aktivitäten, der ständigen Bewegung, mit dem vielen überflüssigen Gerede und den unzähligen oberflächlichen Reizen, deretwegen ich überhaupt nicht mehr wusste, wo mir der Kopf stand. Doch meine Flucht aus der Welt ist kein Vorwurf an all jene, die in der Welt geblieben sind, und ich habe kein Recht, die Welt als etwas ausschließlich Negatives zu verwerfen. Wenn ich das tun würde, dann hätte meine Flucht mich nicht näher zur Wahrheit und zu Gott geführt, sondern wäre bloß eine private, wenngleich zweifellos fromme Illusion ...

Vor seinem Tod im Jahre 1968 war Merton gerade im Begriff, eine neuartige, kontemplative Gemeinschaft in Mittelamerika zu gründen, eine Gemeinschaft, die sich gegen Ungerechtigkeit stellte und für die Unterdrückten eintrat, in der die Menschen jedoch nie vergaßen, dass sie ihr Leben der Liebe gewidmet haben.

Mit seinen Rollen und Engagements in Rundfunk- und Fernsehproduktionen erntete David Brandon in den Sechzigern in ganz England große Anerkennung. Vor allem seine schauspielerischen Leistungen im BBC-Fernsehspiel »Cathy Come Home« (Komm nach Hause, Kathy) wurden überall hoch gelobt. Heute lehrt Brandon als Professor in Cambridge Gesellschaftskunde. Äußerlich weist nichts auf seine Geschichte hin, auf die Misshandlungen in der Kindheit, die turbulente Jugend, die Selbstmordversuche. Aber im Gespräch mit David wird schnell deutlich, dass er für seinen mittlerweile errungenen Frieden einen hohen Preis bezahlt hat:

▶ Ich wuchs in einer Bergarbeiterstadt in Sunderland auf. Das liegt im Nordosten Englands, nicht weit von der Grenze zu Schottland. In dieser Gegend herrschte bittere Armut. Mein Vater war ein sehr jähzorniger Mensch. Das Erste, woran ich mich in meinem Leben überhaupt erinnern kann, ist, dass ich von meinem Vater verprügelt wurde. Manchmal sperrte er meinen Bruder und mich in den Kohlenkeller. Oft trat mein Vater uns und schlug auf uns ein, oder er versohlte uns mit einem alten Tennisschläger und Rohrstöcken oder ähnlichen Sachen. Manchmal ging er sogar auf mich los, während ich im Bett lag und schlief. Wir Jungen lebten in einem Klima ungezügelter Brutalität und meine Mutter ebenfalls. Auch sie hat er regelmäßig verprügelt. Manchmal so schlimm, dass man in der ganzen Wohnung ihr Blut und büschelweise ausgerissene Haare fand.

Sobald ich konnte, lief ich von zu Hause weg. Mit zwölf arbeitete ich fünfundzwanzig oder dreißig Stunden die Woche. Man kann wohl sagen, dass ich sehr früh erwachsen werden musste. Ich lebte auf den Straßen Londons, schlief auf Zeitungsstapeln und wo es sich gerade ergab. Manchmal übernachtete ich in einem Obdachlosenheim der Heilsarmee, aber das war ziemlich gefährlich, denn dort herrschte ein sehr raues und gewalttätiges Klima.

Dann entschied sich David für die Bildung als Ausweg aus seinem Dilemma. Er entwickelte sich zu einer regelrechten »Prüfungs-Kanone«, absolvierte die Schule und anschließend die Universität im Rekordtempo. Auf der Universität lernte er seine spätere Frau Althea kennen. Nach dem Examen heirateten die beiden und David begann sein Berufsleben als Sozialarbeiter. Er arbeitete mit lernbehinderten Menschen. Bald kamen die ersten Arbeiten für Radio und Fernsehen dazu, die ihm Berühmtheit und Anerkennung eintrugen. Sie bekamen zwei Kinder und es war ein Leben wie aus dem Bilderbuch. Aber von Frieden war David weit entfernt.

▶ Ich sah so viel Lug und Trug auf der Welt. Das, was die Leute sagten und was sie taten, hatte überhaupt nichts miteinander zu tun. Verzweifelt suchte ich nach einem wirklichen Sinn für mein Leben. Ich besuchte alle möglichen Kirchen und versuchte, dort etwas für mich zu finden. Ich weiß nicht, was ich zu finden hoffte, aber auf jeden Fall fand ich es dort nicht. Ich fühlte mich sehr einsam und unendlich isoliert.

Mit Ende zwanzig geriet mein Leben in eine Krise. Damals studierte ich Sozialarbeit an der London School of Economics. Wir hatten keinen Pfennig Geld, und so zogen wir zu meinen Schwiegereltern. Die Beziehung zwischen Althea und mir steckte in einer ziemlich schweren Krise. Althea litt an schweren Depressionen. Zur gleichen Zeit starb meine Großmutter, wurde mein Großvater krank, starb meine Mutter und erkrankte mein Vater an schwerer Arteriosklerose. Die ganze Familie hatte mit dem Tod zu tun.

Ich konnte das alles nicht mehr ertragen. Völlig ausgelaugt und entmutigt dachte ich an Selbstmord. Ich sah, dass ich mich in einer völlig niederschmetternden Situation befand. Dann beschloss ich, irgendetwas daran zu ändern, obwohl ich eigentlich schon längst nicht mehr die Kraft dazu hatte. Ich machte eine Ausbildung als Psychotherapeut und leitete im Londoner Rotlichtviertel Soho ein Heim für Frauen, die keine Bleibe mehr hatten.

Ich schrieb ein Buch und zur Veröffentlichung gab`s eine Party, auf der ich mit einer Zen-Meisterin ins Gespräch kam. Ohne überhaupt darüber nachzudenken fragte ich sie, ob ich bei ihr lernen könnte. Sie war einverstanden und ich fing an, jeden Morgen um Viertel vor sechs aufzustehen, um 90 Minuten lang zu meditieren. Oft wollte ich mich einfach nur umbringen, aber ich stand trotzdem auf. Ich musste Disziplin lernen, und dafür war Zen ideal. Durch den fest geregelten Tagesablauf hatte ich einfach keine Zeit mehr, mich umzubringen. Aber meine Probleme waren dadurch nicht gelöst!

Ich steckte gerade in der Arbeit an einer Fernsehserie über Gewalt, als mein Vater starb. Der Produzent der Serie überredete mich dazu, eine Folge über meine eigenen Erfahrungen zu machen, etwas, was ich nie getan hätte, solange meine Eltern noch lebten. Die emotionale Kraft, die mich diese Arbeit gekostet hat, war immens, und nachdem ich diese Sendung gemacht hatte, war ich so depressiv, dass ich kaum noch Luft holen konnte.

Aus irgendeinem Grund entschied ich mich, den Helvellyn zu besteigen, einer der höchsten Berge im englischen Lake District. Ich hatte schon einige Berge bestiegen, aber diesen noch nicht, und ich hatte keine Ahnung, was mich auf meiner Tour an diesem Februartag erwarten würde. Aber ich machte mich trotzdem auf den Weg.

Ich stieg auf bis zur Striding Edge, einem Gebirgskamm, der nicht viel breiter ist als ein Meter, und ich bin jemand, dem ziemlich schnell schwindelig wird ... Plötzlich stecke ich mitten in einem Schneesturm in knietiefem Schnee. Ich sehe nicht mehr, wo ich hintrete, und links und rechts lauert ein mehrere hundert Meter tiefer Abgrund. Das nächste, woran ich mich erinnere, ist, dass ich an einem Strauch hänge und mir bewusst wird, dass ich keinen Boden mehr unter den Füßen habe. Und eine Stimme in mir sagt: »Du bist doch hier raufgeklettert, um dich umzubringen, oder? Also dann lass einfach diesen Strauch los, und du wirst niemandem mehr zur Last fallen.« Eine andere Stimme in mir sagt gleichzeitig: »Wie bist du da nur reingeraten? Das ist absolut lächerlich. Komm, lass uns versuchen, hier irgendwie wieder rauszukommen!«

Zum Glück hat der Strauch feste Wurzeln, und irgendwie kann ich mich zurück auf den schmalen Pfad hieven ... Da liege ich mit dem Gesicht zum Boden. Ich weiß nicht, wie weit ich nach vorne gehen kann und wie weit nach hinten. Überall lauert der Abgrund. Aber mich ergreift ein überwältigendes Gefühl: Ich will unbedingt leben. Ich will leben!

Das war der Wendepunkt. Klar, es gibt auch jetzt noch Augenblicke in meinem Leben, an denen es mir schlecht geht und ich deprimiert bin. Aber in diesem Moment habe ich mich entschlossen zu leben, und ich lebe zunehmend entschlossener.

Es hat eine Weile gedauert, aber nach und nach habe ich die

Natur, habe ich all die Dinge um mich herum zu erkennen gelernt, die mir jetzt ein steter Quell der Freude geworden sind. Für mich war es eine großartige Entdeckung, als ich dahinter kam, dass ich ein Teil der Welt bin und die Welt ein Teil von mir, dass dieser Planet bewohnt ist. Dadurch habe ich gelernt, dass ich auch eine Verpflichtung anderen gegenüber habe. Aufgrund meiner eigenen Erfahrungen, meiner Kindheit, meiner Obdachlosigkeit und so weiter war es für mich einfach, mich mit Gewalt in anderen Familien auseinander zu setzen und daran zu arbeiten, dass andere nicht die Erfahrungen machen müssen, die ich gemacht habe.

Ich glaube, ich betrachte mich selbst jetzt als einen verwundeten Heiler. Ich kann meine Erfahrung, meine eigene Verzweiflung, meine Schwierigkeiten und meine Kämpfe als Werkzeug benutzen, um anderen zu helfen. Das heißt nicht, dass ich versuche, das Leiden anderer Leute zu verhindern. Es bedeutet vielmehr, ihnen dabei zu helfen, den Sinn ihres Leidens zu erkennen.

Wenn man sich das mal bildlich vorstellt, dann ist das ungefähr so: Normalerweise sucht man den Gehweg ab und sammelt sämtliche Bananenschalen auf, damit niemand ausrutscht. Ich hingegen gehe in aller Frühe raus und schmeiße noch mehr Bananenschalen hin. Die Leute fragen mich: »Warum machst du so was?« Und ich sage ihnen: »Lehren hat nicht den Sinn, die Leute am Ausrutschen zu hindern, sondern indem man die Menschen etwas lehrt, versucht man, ihnen die Augen zu öffnen.« Wenn man die Bananenschalen wegnimmt, dann sagt man damit: »Hey Leute, das Leben ist völlig bananenschalen-frei.« Aber das ist es nicht! Das Leben wimmelt von Bananenschalen.

Ich bemühe mich den Leuten beizubringen, ihre Augen zu benutzen, wenn sie gehen. Meine Aufgabe ist es, die Menschen zu respektieren und ihnen dabei zu helfen, die Lektionen zu lernen, die das Leben sie zu lehren versucht. Wenn du auf einer Bananenschale ausrutschst, dann diskutiere, was passiert ist, und lerne daraus! Ich glaube, es ist unklug, sich zwischen einen Menschen und das, was ihn das Leben lehren will, zu stellen. Das heißt nicht, dass wir nicht alle füreinander verantwortlich sind.

Davids Betrachtungen führen weit über den einfachen Wunsch nach Ruhe hinaus. Seine Suche nach innerem Frieden hat ihn mit anderen Menschen zusammengeführt und ihm gezeigt, dass persönliche und zwischenmenschliche Aspekte des Friedens unauflöslich miteinander verbunden sind. Es ist eine uralte Weisheit, aber jeder muss sie für sich neu entdecken: Diejenigen, die ihr Leben damit verbringen, anderen die Last des Lebens zu erleichtern, finden den Frieden, nach dem sie suchen, müheloser als andere.

Etwas für andere tun

Das ist die wirkliche Freude am Leben:
gebraucht zu werden für einen Zweck,
den man selbst als gewaltig erkennt;
ein Werkzeug der Natur zu sein
und nicht ein aufgeregtes,
egoistisches kleines Häufchen Elend,
das sich fortwährend darüber beschwert,
dass die Welt sich nicht seinem Glück widmet.
Ich bin der Ansicht, dass mein Leben anderen gehört,
und solange ich lebe, kann ich für andere tun,
was in meiner Macht steht.
George Bernard Shaw

Von den wichtigsten Ursachen, die zu innerer Leere und Zerrissenheit führen, ist der Egoismus wohl die meist verbreitete, ganz gleich, ob er nun als Merkmal der Persönlichkeit, in zwischenmenschlichen Beziehungen oder als Element der menschlichen Gesellschaft zum Vorschein tritt. Zudem ist der Egoismus jenes Übel, das am schwersten zu bekämpfen ist. Arroganz, Misstrauen, Wut oder Ärger kann man direkt begegnen. Es gibt bestimmte Mittel, mit denen man sie aufdecken und bekämpfen kann. Aber Egoismus ist oft einfach da, unbewusst und unerkannt, aber doch so stark, dass er das gesamte Leben prägt.

Zuweilen führt Egoismus zu offensichtlichen Verfehlungen wie Ehebruch, Diebstahl oder Betrug. In anderen Fällen, so auch bei einer ichbezogenen Suche nach persönlichem Glück und Erfüllung, zeigt sich der Egoismus von einer scheinbar harmlosen Seite, von deren Gefährlichkeit wir nichts ahnen. Doch wie dem auch sei, wenn Egoismus einmal als das erkannt worden ist, was er ist, dann gibt es ein ganz einfaches und hochwirksames Gegenmittel: Dienst am Nächsten.

Ich bin in einer großen Familie auf dem Land aufgewachsen, wo jeder viel arbeiten musste, aber ich habe nie jemanden so über den Dienst am Nächsten reden hören. Doch wenn ich mich zurückerinnere, bin ich mir sicher, dass meine Eltern das ähnlich gesehen haben müssen.

Auf jeden Fall wurden wir immer wieder auf die Wichtigkeit des Dienstes am Nächsten hingewiesen. Als mein Vater keinen anderen Job bekam als den Posten eines Gärtners in einer Lepra-Kolonie, machte er daraus kein großes Aufheben. Er hätte sich leicht anstecken können und dann für immer dort bleiben müssen, aber uns Kindern sagte er nichts davon. Er meinte nur, dass es höchst ehrbar sei, für seinen Nächsten mit Freude den niedrigsten Dienst zu tun.

Auch meine Mutter war stets aktiv, brachte einer älteren Nachbarin einen kleinen Blumenstrauß vorbei oder etwas von ihrem Eingemachten, ließ ein Mittagessen aus, um am Bett eines Kranken zu sitzen, stand früh auf, um einem einsamen Menschen einen Brief zu schreiben oder um ein Geschenk zu Ende zu stricken.

Ruth Land, inzwischen Ärztin im Ruhestand, hat lange Jahre in einem Krankenhaus in einer vollkommen abgeschiedenen Gegend Südamerikas gearbeitet. Sie sagt, dass diese bescheidene Form des Dienstes am Nächsten ihr höchste Genugtuung bereitet:

▶ Man kann den Frieden überall suchen, aber möglicherweise sucht man ihn vergebens. Die Alternative besteht darin, sich selbst einfach hintanzustellen und die Arbeit zu tun, die zu machen ist. Es bringt einem Frieden, die Hausarbeit zu erledigen, die gemacht werden muss, seinem Ehepartner zu zeigen, dass man ihn liebt, oder was einem sonst noch einfällt. Wenn man so etwas für jemand anderen macht, dann bringt es einem Frieden.

Eine indische Geschichte, die Gandhi einmal erzählt hat, zielt auf eine ähnliche Einsicht ab, dass nämlich kleine Höflichkeits-Bekundungen anderen gegenüber sehr viel wichtiger sind als große, noble Gesten. Eine völlig niedergeschlagene Frau kam zu ihrem Meister und sagte: »Oh, Meister, ich habe erkannt, dass ich Gott nicht zu dienen vermag!« Darauf fragte er sie: »Gibt es denn nichts auf dieser Welt, was du liebst?« »Doch«, antwortete sie, »meinen kleinen Neffen liebe ich.« Und der Meister sagte: »Das ist dein Dienst an Gott – die Liebe zu diesem Kind.«

Manchmal erhält der wichtigste Dienst die geringste Aufmerksamkeit. In meiner Gemeinde arbeiten viele ältere Gemeindemitglieder mehrere Stunden täglich in der Wäscherei, um Wäsche zu falten, und in der Bibliothek, um Bücher zu ordnen, oder sie helfen in unserer Holz- und Metallwerkstatt. In allen Fällen ist dieser Dienst von unschätzbarem Wert, nicht nur hinsichtlich des Mehrwerts, der produziert wird. Das Gefühl von Frieden und Wohlergehen, das diese Arbeit den älteren Menschen vermittelt, und die Freude, die in ihren Augen schimmert, wenn sie davon erzählen, bereichert unser Zusammenleben ganz wunderbar. Ihr Friede ist ansteckend, und er verbreitet sich in der ganzen Gemeinde.

Der fünfundsiebzigjährige Ely-Indianer Joe Bush, der an der Parkinsonschen Krankheit leidet, war früher ein tüchtiger Gärtner. Mittlerweile ist seine Aktivität beschränkt auf ein paar Stunden täglicher Schreibtischarbeit. Er arbeitet an einem lang angelegten Übersetzungsprojekt. Auf der Tastatur des Computers tippt er unter Schmerzen Buchstabe für Buchstabe ein. Andere wären vollkommen frustriert, aber nicht Joe.

»Meine Arbeit ist die reine Freude«, sagt er. Seine Frau Audrey findet die gleiche Freude und den gleichen Frieden, indem sie für andere tut, was sie vermag:

> ▶ Wenn Joe und ich den Leuten, die uns betreuen, sagen: »Nein danke, wir kommen allein zurecht!«, obwohl wir fast blind und lahm sind, dann geschieht das nicht aus Undankbarkeit. Es ist nur so, dass das Leben für uns aufregender ist, wenn wir noch zu etwas nütze sein können. Eine große Kerze erlischt auch nicht einfach so, wenn nur noch zwei Zentimeter von ihr übrig sind. Sie brennt so lange weiter, bis nur noch eine kleine Wachspfütze übrig bleibt, die zeigt, wo sie einmal gestanden hat. Es gibt immer noch so viel für uns zu tun. Und selbst wenn wir uns überhaupt nicht mehr nützlich machen können, können wir immer noch Trost finden in einem Gedanken, den der Dichter Milton »Des Blinden Dienst« genannt hat (er schrieb das Gedicht, nachdem er sein Augenlicht verloren hatte): »So dient ihm auch, wer steht und auf ihn wartet.«[5]

Sowohl Joe als auch Audrey betonen, dass ihre Arbeit ihnen etwas bedeutet, weil sie einen Zweck erfüllt. Und wenn das der Fall ist, dann ist ein Job nie nur ein Job. Ohne diesen

[5] Nach: Georg Britting u.a.: *Lyrik des Abendlands,* München 1990, S. 276. Die Übertragung stammt von Friedrich Notter.

Zweck jedoch kann jede Arbeit so frustrierend und deprimierend sein wie Arbeitslosigkeit oder erzwungene Untätigkeit. Viktor Frankl zufolge gilt dies auch für das Leben insgesamt:

▶ Ich habe immer wieder festgestellt, dass der Versuch zu überleben, die unwirtlichsten und ungünstigsten Bedingungen zu überstehen, nur dann erfolgreich sein kann, wenn das Überleben einen Sinn hat, und zwar einen ganz bestimmten, ganz persönlichen Sinn, den nur dieser eine Mensch erkennen kann und der ihm innere Ruhe bringt. Denn wir dürfen nie vergessen, dass jeder Mensch auf dieser Welt einzigartig ist.

Ich kann mich noch gut daran erinnern, in welche Verlegenheit es mich brachte, als ich im KZ einem Mann und einer Frau begegnete, die sich umbringen wollten. Beide hatten mir gesagt, dass sie vom Leben nichts mehr erwarteten. Daher fragte ich meine beiden Mitgefangenen, ob die Frage wirklich die war, was wir vom Leben erwarteten, oder ob nicht vielmehr das Leben etwas von uns zu erwarten hätte. Ich zeigte ihnen, dass das Leben etwas von ihnen erwartete. Die Frau hatte eine Tochter, die im sicheren Ausland auf sie wartete, und der Mann arbeitete an einer Reihe von Büchern, von denen er erst einen Teil geschrieben und veröffentlicht hatte.

Ich habe gesagt, dass der Mensch nicht danach fragen soll, was er vom Leben erwarten kann, sondern dass er verstehen soll, dass das Leben etwas von ihm erwartet. Aber man kann es auch anders formulieren: Letzten Endes sollte man nicht fragen: »Was ist der Sinn des Lebens?«, sondern man sollte sich darüber bewusst werden, dass man selbst gefragt wird. Das Leben stellt dem Menschen seine Aufgaben, und es liegt bei ihm, die Verantwortung für diese Aufgaben zu übernehmen, sich dafür zuständig zu fühlen. Der Mensch kann dem Leben nur begegnen, indem er Verantwortung für sein Leben übernimmt.

Wenn man es so betrachtet, bietet das Leben ein wunderbares Ziel, nämlich, es voll auszuschöpfen, indem wir anderen dienen. Ich habe im Laufe meines Lebens schon an vielen Sterbebetten gestanden. Es ist auffällig, dass es Menschen gibt, die leicht sterben, und andere, die sich dabei furchtbar quälen. Die Ursache für diese unterschiedliche Art zu sterben ergibt sich nach meiner persönlichen Erfahrung aus der Art und Weise, wie die Menschen vorher gelebt haben. Haben sie ihr Leben einer Aufgabe geweiht, oder haben sie selbstbezogen und egoistisch gelebt?

Wenn man ein ichbezogenes Leben führt, ist man von dem Gedanken besessen, nur ja nichts aufgeben zu müssen, selbst wenn man hier und da zu kleinen Opfern bereit ist. Schließlich betrachten wir alles nur noch unter dem Gesichtspunkt, inwieweit es uns selber betrifft. Das ist eine Form der Lebensführung, die unseren Frieden nach und nach verschlingt. Dienst am Nächsten hingegen vermag uns aus dieser misslichen Lage zu befreien, denn er erinnert uns stets daran, warum wir leben, und er hilft uns, uns selbst nicht so wichtig zu nehmen. Zudem ermöglicht er uns eine neue Lebensperspektive, von der aus man auch einmal das eigene Leben im Verhältnis zum Rest der Welt betrachten kann.

Wahrer Dienst ist immer irgendeine Form, jemand anderem zu zeigen, dass man ihn liebt. Das wird häufig vergessen. Sogar in einer religiösen Gemeinschaft wie der meinen, in der Dienst am Nächsten zu den zentralen Punkten des Alltagslebens zählt, geschieht das von Zeit zu Zeit. In dem

Augenblick, in dem wir unsere Arbeit zum Selbstzweck werden lassen, verlieren wir die Liebe aus den Augen, die allein unserem Leben einen Sinn zu geben und Frieden zu schaffen vermag. Der Dienst am Nächsten entwickelt sich sonst zu einer gedankenlosen, mechanischen Pflichtübung. Mit Liebe kann die geringste Arbeit einen Sinn bekommen. Ohne sie kann die edelste Aufgabe zur bloßen Plackerei werden.

In dieser Beziehung kann man auch vom Buddhismus etwas lernen. Vor einiger Zeit war ich zu Besuch in Plum Village, einer buddhistischen Gemeinschaft in Frankreich. Jedes Jahr kommen Hunderte von Besuchern nach Plum Village. Manche kommen, um hier in Ruhe und Abgeschiedenheit zu meditieren, andere, um an den Klausuren teilzunehmen, die von Thich Nhat Hanh geleitet werden. Thich Nhat Hanh, ein vietnamesischer Mönch mit sanfter Stimme, der durch sein Engagement in der Friedensbewegung der sechziger Jahre bekannt geworden ist, leitet die Gemeinschaft.

Keine Frage, dass die festen Mitglieder der Familien, Singles und Mönche, alle Hände voll zu tun haben. Es gibt immer viel zu tun in Plum Village, ob nun neue Gebäude errichtet werden müssen, alte zu renovieren sind oder die großen Obstgärten bewirtschaftet werden müssen. Das Arbeiten um seiner selbst willen wird hier jedoch strikt abgelehnt. Im Gegensatz zu der westlichen Einstellung, die ihr Augenmerk darauf richtet, was im Laufe eines Tages alles erledigt werden muss, pflegen die Menschen in Plum Village das Ideal vom »Leben im Augenblick«. Jede Situation, jede Tat und jede Begegnung mit anderen Menschen wird als Chance betrachtet, ein bewussteres Leben zu führen. Karl Riedl, ein Mitglied der Gemeinschaft, erklärte mir:

▶ Durch die Kunst, mit vollem Bewusstsein zu arbeiten, hinterfragen wir den Grundsatz der Effektivität des Arbeitens. Wir erkennen, wie besessen wir von dem sind, was wir erreichen wollen, und hinterfragen den Sachzwang, dass alles eben einfach »getan werden muss«. Durch bewusstes Arbeiten lernen wir uns in einem neuen Licht zu betrachten, uns nicht mehr als gut oder weniger gut auf bestimmten Gebieten zu erkennen, sondern die Freude zu entdecken oder wieder zu entdecken, die alles inspirieren soll, was wir tun – egal, ob wir nun im Gewächshaus arbeiten, Holz schlagen, Toiletten reinigen, schreiben oder Wäsche aufhängen. Allzu oft erledigen wir unsere Arbeit vollkommen gedankenlos und lassen zu, dass bloße Geschäftigkeit unser Glück und unsere Harmonie zerstört.

Eine Strophe aus dem Meditationsbuch von Plum Village zeigt auf eindrucksvolle Weise, welche Haltung die Gemeinschaft zum Dienst am Nächsten einnimmt:

Ich gelobe, einem Menschen Freude zu bringen am Morgen
und am Nachmittag einen Menschen von Kummer zu befreien.
Ich gelobe, einfach und rein zu leben,
zufrieden mit wenig Besitz.
Ich gelobe, meinen Körper gesund zu halten.
Ich gelobe, alle Ängste und Sorgen fahren zu lassen,
um leicht und frei zu sein.

Beten als Lebensstil

Es sind mehr Dinge durch Gebete entstanden,
als unsere Welt sich träumen lässt.
Alfred Lord Tennyson

Es gibt Zeiten im Leben, in denen können wir versuchen, was wir wollen, wir finden keinen Frieden. Obwohl wir nach Einfachheit und Ruhe streben, nach Befreiung von unseren inneren und äußeren Ängsten und Sorgen, fühlen wir eine Leere in uns. In solchen Augenblicken, wenn wir nirgends Zuflucht finden, erscheint das Gebet als letzter Ausweg. Mit ihm gestehen wir unser Unvermögen ein, die Dinge zusammenzuhalten, und erbitten Beistand von einer stärkeren Macht.

Ich bin vielen Menschen begegnet, die die Frage, ob sie beten, nur mit einem Achselzucken beantwortet haben. »Wozu soll das gut sein?«, fragen sie. Andere dagegen erzählen mir, dass sie durch Beten eine Verbindung zu Gott finden und ihre innere Leere füllen können. Für sie ist das Gebet nicht letzte Zuflucht, sondern eine Konstante in ihrem Leben.

Der jüdische Philosoph Martin Buber sagt: Wenn wir beten, sollen wir laut schreien und uns vorstellen, wir hingen an den Haaren an einer Klippe, umtost von wütenden Stürmen, und wüssten ganz genau, wir haben nur noch ein paar Sekunden Zeit, um gerettet zu werden. Buber fährt wörtlich fort: »Es gibt wirklich keinen Rat, keine Zuflucht und kein Seelenheil, es sei denn, man hebt seine Augen und sein Herz zu Gott und fleht ihn an. Und das sollte man immer und immer tun, denn der Mensch ist in großer Gefahr in dieser Welt.«

Bubers Bild ist drastisch, aber es ist nicht übertrieben. Heute reicht der Einfluss der Medien in unserer Gesellschaft so weit, dass die Nachricht über einen Prominenten, einen Skandal oder eine Katastrophe (zum Beispiel Prinzessin Dianas Tod im September 1997) Millionen von Leuten in ihrem Alltagsleben innehalten lässt. Da ist die Versuchung, der Menge einfach blind zu folgen, größer denn je. Nietzsche hat das bereits vor hundert Jahren erkannt, als er über die Wahrheit des alten Wortes »Gemeinschaft macht gemein« nachsann. Er warnt vor den Gefahren einer Gesellschaft, in der die Werte der Masse ein so starkes Gewicht haben, dass sie selbst das stärkste individuelle Bewusstsein und den festesten eigenen Willen ersticken können.

Allzu leicht büßt man die Stärke des eigenen Charakters ein und ordnet sich dem unter, was die Soziologie als »Herdentrieb« bezeichnet. Der Wunsch, es jedem recht zu machen, zu glänzen, und die Angst vor anderen zehren an unserer Stärke. Fortwährend werden wir überschwemmt von Menschen und ihren Meinungen, bis wir zum guten Schluss darin ertrinken. Wir reden uns ein, wir seien Herr über uns selbst, aber in Wirklichkeit sind wir noch nicht einmal in der Lage selbständig zu denken. Unser Leben besteht hauptsächlich darin, uns fortwährend neu auszurichten an allen möglichen Arten kollektiver Einflüsse und gesellschaftlicher Forderungen, wie Nietzsche es sah.

Doch das muss nicht so sein. Diesen äußeren Einflüssen und Zwängen stehen wir nicht machtlos gegenüber. Beten ist das beste Mittel, um unser Herz gegen diesen Ansturm zu schützen. Und es ist mehr: Beten ist eine Leben spendende und erhaltende Übung, die uns wieder zu uns selber und zu Gott bringen kann, wenn wir in die Irre gegangen sind. Beten lenkt unseren Blick zu den Quellen des Friedens und führt uns dorthin. Malcolm Muggeridge formuliert das so:

> ▶ In der Unruhe und dem Chaos des äußeren Lebens und der dunklen Verzweiflung im Innern ist es jederzeit möglich, zur Seite zu treten, um Gott einen Besuch abzustatten. So wie im Auge des Hurrikans Ruhe ist und über den Wolken ein blauer Himmel strahlt, kann man in den Dschungel unseres menschlichen Willens eine kleine Lichtung schlagen für ein Rendezvous mit Gott. Er wird immer kommen, obwohl nicht vorherzusagen ist, in welcher Gestalt und unter welchen Umständen. Vielleicht erscheint er im strahlenden Glanz der Herrlichkeit, vielleicht als abgerissener Penner, in der Reinheit der Wüste oder im Dreck der Rotlichtviertel von London oder New York.

Gebete müssen nicht förmlich sein. Für meine Frau und mich ist Beten der ganz normale Weg, morgens den Tag gemeinsam zu beginnen und ihn abends gemeinsam ausklingen zu lassen. Wir beten jeden Morgen nach dem Aufstehen und jeden Abend vor dem Schlafengehen. Manche Leute beten öfter, andere seltener. Manche Menschen beten auf den Knien, manche benutzen ein Gebetbuch. Manche Leute sprechen, andere beten im Stillen. Solange unser Gebet ehrlich gemeint ist und nicht nur leerer Brauch, ist es ganz egal, wie wir beten. Wichtig ist, dem Gebet irgendwo einen Platz im Leben einzuräumen.

Die Bibel fordert die Menschen dazu auf, »ohne Unterlass zu beten«. Für manche Menschen stellt diese Forderung ein echtes Hindernis dar. Wie soll man den ganzen Tag lang beten? Was heißt »ohne Unterlass«? Für andere hingegen ist diese Sache nicht nur ganz einfach, sondern etwas sehr Angenehmes und Erfrischendes. Mein alter Freund James erklärt das so:

▶ Ich habe schon immer gebetet, seit ich mich erinnern kann. Aber was hinter dem »Beten ohne Unterlass« steckt, wurde mir erst in dem Augenblick klar, als ich Beten als Lebensstil zu begreifen begann, als feste Lebenseinstellung und nicht unbedingt als dauernde Aktion. Beten ohne Unterlass heißt, eine bestimmte Einstellung zum Leben zu haben.

Neulich erzählte mir jemand etwas, das in die gleiche Richtung ging: »Beten hat für mich immer bedeutet, dass ich zu bestimmten Zeiten mit Gott sprach, morgens oder vor dem Schlafengehen. Aber jetzt weiß ich, dass Beten eine Kommunikation ist, die rund um die Uhr läuft. Ich bete, während ich durch die Flughafenhalle oder durch die Fußgängerzone laufe.«

Man kann nicht nur in der Kirche und am Frühstückstisch beten, sondern auch bei der Arbeit oder unterwegs – wenn man einen Balken zersägt, eine Wand tüncht, ein Pferd lenkt, die Wohnung putzt.

Jeder von uns betet anders. Und wenn sich die Umstände ändern, in denen wir leben, zum Beispiel durch Krankheit, Alter oder Krisen, verändern sich auch unsere Gebete.

Doug, der aus den Südstaaten der USA stammt, konnte als Jugendlicher dem Beten nicht viel abgewinnen. Angewidert von der Heuchelei, die er in seiner Kirchengemeinde erlebte, lag er als Jugendlicher mit den meisten Christen, die er kennen lernte, im Streit. Vor allem ihre Haltung zum Kriegsdienst lief ihm gegen den Strich. Obwohl die Japaner kurz zuvor Pearl Harbour bombardiert hatten und die Vereinigten Staaten in den Zweiten Weltkrieg eingetreten waren, verweigerte Doug den Kriegsdienst. An der Universität erntete er von seinen Lehrern und Mitstudenten dafür Lob. Man bewunderte ihn für seine Entschlossenheit, dafür einzutreten, woran er glaubte, auch wenn die meisten seine tiefe Überzeugung nicht teilten, dass es unter allen Umständen moralisch verwerflich sei, einen anderen Menschen zu töten.

Doch in seiner Kirchengemeinde sah man die Dinge anders. Dort interpretierte man seine Verweigerung schlichtweg als Landesverrat und sein Motiv als Feigheit. Der Richter, der die Verhandlung führte und ihn als Verbrecher verurteilte, weil er sich der Einberufung widersetzt hatte, gehörte seiner Gemeinde an.

▶ Da saß ich nun in diesem vorsintflutlichen Bezirksgefängnis meiner Heimatstadt Lexington in Kentucky mit Filzläusen, ekelhaftem Essen, einer kaputten Dusche und ohne dass mir irgendwelche Kleidung ausgehändigt worden wäre. Glücklicherweise kriegte meine Mutter es irgendwie fertig, mir Seife und frische Unterwäsche mitzubringen. Das war während der ersten, schwersten Tage meiner Haft, und das Einzige, was mich damals aufrichtete, war die Geschichte eines vollkommen gebrochenen deutschen Emigranten auf dem Weg ins Internierungslager, den man fälschlicherweise der Spionage verdächtigt hatte.

Allmählich lernte ich, mich über mein bisschen Leid, die Langeweile, den Schmutz und die Tatsache, als Nummer und nicht als Mensch behandelt zu werden, hinwegzusetzen. Ich begann mich für den hilfsbedürftigen Mithäftling im Nachbarbett zu interessieren, und in mir entstand das Gefühl der Freude, die aufkommt, wenn man für jemand anderen lebt. Ich begriff, was Thomas Kelly gemeint hatte, als er davon sprach, im »ewigen Jetzt« zu leben, denn alle Mithäftlinge sprachen immer nur davon, wie viel Zeit sie noch abzusitzen hatten und was sie nach ihrer Entlassung machen würden. Sie lebten immer nur in der Zukunft. Als ich damit anfing, für den Augenblick zu leben, nicht für die Zeit nach meiner Entlassung oder für die nächste Mahlzeit, den nächsten Film oder die nächste Gelegenheit zu schlafen, konnte ich auf einmal Frieden fühlen, selbst im Gefängnis.

Die Haftstrafe war die erste einer Reihe schwerer Erfahrungen in seinem Leben, und Doug lernte allmählich, Hoffnung und Sinn im Gebet zu finden.

▶ Es ist nicht unbedingt etwas, das mit Worten zu tun hat. Ein Gebet kann sein, sich im Laufe des Tages schweigend Gott zuzuwenden, einen Blick nach oben zu richten, ein paar Sekunden lang still zu sein, um an jemanden zu denken, der krank ist oder dem es schlecht geht. Ein Gebet kann Angelegenheiten und Fragen des Alltags betreffen oder um die Klarsicht bitten, die eigenen Fehler zu erkennen und zu sehen, wo ich andere Menschen verletzt habe. Beten hilft mir dabei, meine Entschlossenheit zu stärken und die Bedürfnisse anderer über meine eigenen zu stellen. Und in all dem liegt Frieden.

Der Schweizer Theologe Karl Barth schrieb einmal, dass das Falten der Hände zum Gebet den Beginn einer Auflehnung gegen das Chaos der Welt bedeutet. Wenn dem so ist – und ich bin davon überzeugt –, dann kann unser Beten nicht unabhängig von unseren anderen Lebensbereichen sein. Unsere Gebete müssen mehr enthalten als Wünsche und Absichtserklärungen. Wenn wir wollen, dass unsere Gebete aufrichtig sind und auf den Rest der Welt einwirken, dann müssen sie sich zu etwas entwickeln, was über die bloßen ichbezogenen Wünsche für das private Glück hinausgeht. Gebete, die uns nicht selbst zu einer Tat anspornen, sind bloße Heuchelei.

Doug weist darauf hin, wie wichtig es ist, jemand anderen in seine Gebete mit einzuschließen. In den Schriften des Alten und Neuen Testaments ebenso wie in den Berichten der Christenverfolgung und ihrer Märtyrer taucht dieser Gedanke immer wieder auf, und zwar noch wesentlich radikaler. Dort wird für die eigenen Feinde gebetet, für jene, die uns verfolgen und verletzen, egal, ob durch Hinterhältigkeiten, Verleumdungen, Verrat, körperliche Gewalt oder was auch immer.

Jim Wallis, renommierter Autor und Leiter der radikalen christlichen Gemeinschaft *Sojourners* in Washington, schreibt:

> ▶ Solange wir nicht für unsere Feinde beten, nehmen wir immer nur die eigene Position wahr – unsere eigene Rechtschaffenheit – und ignorieren ihre Sicht der Dinge. Beten hebt die Unterscheidung zwischen *uns* und *ihnen* auf. Um anderen Gewalt anzutun, muss man sie zu Feinden machen. Beten dagegen macht aus Feinden Freunde.

Ich erinnere mich an eine Szene aus dem Golfkrieg von

1991, kurz nachdem die Vereinigten Staaten mit dem Angriff ihrer Bodentruppen begonnen hatten. In einer Fernsehansprache an die gesamte Nation forderte der damalige Präsident Bush alle Zuschauer dazu auf, zu unterbrechen, was immer sie gerade taten, um für »unsere Jungs« am Golf zu beten. Seine Ansprache endete mit einem glühenden »Gott schütze die Vereinigten Staaten von Amerika«.

Wahrscheinlich hielten die meisten Amerikaner damals inne und erfüllten ihre »vaterländische Pflicht«, ohne weiter darüber nachzudenken. Doch wahrscheinlich neigten sich im gleichen Augenblick genauso viele irakische Muslime zu Allah, um für ihre Männer und Söhne zu beten. Wie würde sich Gott entscheiden? Welche Nation würde er unterstützen?

▶ Die Menschen beten, weil sie wollen, dass Gott ihnen ihre Wünsche erfüllt. Wenn sie ein Picknick planen, dann bitten sie Gott um einen schönen, sonnigen Tag. Zur gleichen Zeit bitten Bauern, die für ihre Ernte mehr Regen brauchen, um das Gegenteil. Wenn es schönes Wetter wird, werden die Ausflügler sagen: »Gott ist auf unserer Seite. Er hat unsere Gebete erhört.« Doch wenn es regnet, werden die Bauern sagen, ihr Gebet sei erhört worden. Auf diese Weise beten wir normalerweise.

Wenn jemand nur für sein eigenes Picknick betet und nicht auch für den Bauern, der Regen braucht, dann macht er genau das Gegenteil von dem, was Jesus gelehrt hat. Denn Jesus hat gesagt: »Liebt eure Feinde und bittet für die, die euch verfolgen.«[6]

[6] Matthäus 5,44

Wenn wir uns unseren Zorn einmal näher betrachten, dann erkennen wir: Auch der, den wir unseren Feind nennen, leidet. Und sowie wir das erkannt haben, haben wir die Möglichkeit, ihn zu akzeptieren und Mitleid mit ihm zu haben. Jesus sagt uns: »Liebt eure Feinde.« Wenn wir es schaffen, unseren Feind zu lieben, dann ist er nicht länger unser Feind. Die Idee vom Feind verschwindet und macht Platz für den Gedanken an jemanden, der sehr leidet und unser Mitgefühl braucht. Jemand anderen zu lieben ist manchmal leichter als wir denken, aber um das festzustellen, müssen wir es ganz einfach tun.

Adagio in Sarajevo

Mir wird immer deutlicher,
dass Menschen mit schlechten Absichten
ihre Zeit wesentlich effektiver genutzt haben
als jene, die Gutes wollen.
Wir leiden in unserer Generation
nicht nur an den bösen Worten und Taten
der schlechten Menschen,
sondern ebenso am schrecklichen Schweigen
der guten.
Martin Luther King

Wenn bis hierhin etwas ganz deutlich geworden ist, dann die Tatsache, dass Frieden überhaupt nichts mit Untätigkeit zu tun hat. Sicher kann Frieden auch Stille und Ruhe bedeuten. Doch gehört zu diesem ruhigen Frieden auch Selbstzufriedenheit und Selbstgefälligkeit?

Frieden ist ein Geschenk, eine Antwort auf unerfüllte Wünsche. Er beendet zerstörerisches und zermürbendes Zweifeln und Irren. Er lässt uns ganz sein und richtet uns auf. Doch Frieden ist noch sehr viel mehr als das. Er ist Aufruf zur Tat, zu einem neuen Leben. Frieden kann aus Meditation und Gebet hervorgehen, aber er darf sich nicht darauf beschränken. Er bringt neue Verpflichtungen mit sich, neue Energie und neue Kreativität. Wie ein Saatkorn in der Erde, so keimt er zunächst still und heimlich im Verborgenen, um dann vor Lebenskraft zu explodieren, sich zu entfalten, aufzublühen und schließlich Frucht zu tragen.

Wenn der Friede in uns gedeiht, dann ist es an uns, darauf zu achten, dass wir ihn mit anderen teilen. Wir, die wir den Frieden geschenkt bekommen haben, dürfen ihn nicht für uns allein behalten, dürfen nicht alles um uns herum ausschließen und die Situation jener ignorieren, die ihren Frieden noch nicht gefunden haben.

Thich Nhat Hanh spricht aus der Sicht eines überzeugten vietnamesischen Buddhisten und betont sowohl die Wichtigkeit meditativer Versenkung als auch des leidenschaftlichen Engagements für andere. Er erinnert sich an die Zeit des Vietnamkriegs und an das Dilemma, das dieser Krieg für ihn damals aufwarf. Erwuchs die Frucht des Friedens aus innerer Versenkung oder aus der Tat?

> ▶ Viele unserer Dörfer wurden bombardiert. Zusammen mit meinen Ordensbrüdern und -schwestern musste ich mich entscheiden, was wir tun sollten. Sollten wir weiter in unseren Klöstern bleiben, oder sollten wir die Meditationsräume verlassen, um den Leuten zu helfen, die unter den Bomben litten? Nachdem wir intensiv darüber beraten hatten, entschieden wir uns dafür, beides zu tun, hinauszugehen und den Menschen zu helfen, aber dies im steten Eingedenken unserer religiösen Pflichten ... Hat man einmal eine Einsicht gewonnen, dann muss man auch Taten folgen lassen. Was würden die Einsichten sonst nützen?

Auch für uns gilt: Wenn wir mit unseren Mitmenschen in Frieden leben wollen, bringt dies gewisse unausweichliche Pflichten mit sich, und die müssen wir ebenso in Angriff nehmen. Es geht nicht an, dass wir im Einklang mit der Natur oder uns selber leben wollen und dabei alles andere ausklammern oder verdrängen.

Wenn sich jemand auf den Weg macht, um seinen Frieden zu finden, dann vollzieht sich diese Suche aus dem Wunsch heraus, ein tieferes und erfüllteres Leben zu führen und nicht etwa ein entleertes. Ehemalige Soldaten und Geschäftsleute, Hausfrauen und Minister, Schüler und Akademiker – sie alle sagen mir das Gleiche: Frieden entsteht nicht nur, indem man nein sagt zu Gewalt, Habgier, ungebundener Sexualität und Heuchelei, sondern es muss auch etwas geben, wozu man ja sagen kann.

In einem der vorhergehenden Kapitel habe ich von John Winter berichtet, jenem ehemaligen Laborangestellten, der seinen Job kündigte, nachdem er erfahren hatte, dass seine Firma Munition herstellte. Er erklärt:

> ▶ Ich lehnte die Gewalt ab und machte mich auf die Suche nach Frieden, aber mir wurde schnell klar, dass Frieden mehr bedeutet als nur die Abwesenheit von Krieg. Ich war es müde, immer wieder zu sagen, dass ich nicht zur Army gehen konnte. Was konnte ich stattdessen tun? Ich wollte eine praktische Alternative zum Krieg und nicht bloß dessen Ende. Ich wollte mich selbst in etwas anderes einbringen, wollte etwas, wofür ich leben konnte und nicht nur etwas, wogegen ich kämpfen musste.

Wenn wir nicht wissen, wofür wir leben, haben wir mit Sicherheit große Schwierigkeiten, wenn wir gegen etwas kämpfen müssen. Das Gefühl von Hilflosigkeit und totaler Machtlosigkeit raubt uns dann die Fähigkeit zu reagieren, wenn die Umstände es erfordern.

Während der Belagerung von Sarajevo im Jahr 1992 fragte sich der Cellist Vedran Smailović verzweifelt, was er tun könnte. Vedran fand seine eigene Antwort auf die grausame und mörderische Wirklichkeit, die ihn umgab. Er handelte aus tiefster Überzeugung und tat genau das, womit er sich am besten auskannte:

▶ Ganz in der Nähe meines Hauses gab es ein Brotgeschäft. Am 27. Mai 1992 stand eine lange Menschenschlange vor diesem Geschäft. Alle warteten auf einen Laster, der Brot anliefern sollte. Die Leute warteten geduldig und mit Anstand, obwohl sie schon stundenlang dort standen. Aber das war nicht das, was so furchtbar schrecklich war. Als ob es nicht schon schlimm genug wäre, hungrig und elend zu sein, explodierte eine Granate, wie von einem bösen Dämon dorthin geworfen, ein paar Meter neben der Warteschlange und tötete zweiundzwanzig dieser unschuldigen, geduldigen, hungrigen Menschen.

Zuerst herrschte völlige Stille. Alle standen unter Schock. Dann brach das Chaos aus: Geschrei, Heulen, Rufe, Blut. Ein Knäuel von Körpern lag dort, verwundet, blutend, sterbend, tot. Manche rannten in Angst und Panik davon. Andere rannten hinzu, um den Verletzten zu helfen. Ein erstes Auto traf ein. Retter sprangen zwischen den Leichen umher, um die Verwundeten aufzusammeln und ins Auto zu bringen. Sogar in den Kofferraum wurden Verwundete gelegt. Ein zweites Auto kam, dann noch eins. Einer der Helfer wurde von Scharfschützen getroffen. Erst wurden die Schwerverletzten abtransportiert, dann jene mit leichteren Verletzungen und zuletzt die Toten.

In der folgenden Nacht bekam ich kein Auge zu. Ich saß auf meinem Bett und grübelte. Es wollte mir nicht in den Kopf, warum diese unschuldigen Menschen, meine Landsleute und Nachbarn, von denen ich die meisten von Kindesbeinen an gekannt hatte, ihr Leben auf eine so unvorstellbar schreckliche Weise lassen mussten. Mir ging auf, dass in meiner Stadt während des Krieges ein Menschenleben absolut nichts mehr wert war. Voller Trauer schlief ich gegen Morgen ein und wurde kurz darauf durch eine weitere Explosion und die Schreie meiner Nachbarn aus dem Schlaf geschreckt.

Kinder und Decken wurden in Schutzräume gebracht. Auch ich ging in den Schutzraum. Nachdem der Granatbeschuss aufgehört hatte, kehrte ich nach Hause zurück. Ich wusch mich, rasierte mich, und ohne darüber nachzudenken, zog ich Hemd, Fliege und Abendanzug an. Dann nahm ich mein Cello und ging hinaus.

Ich lief durch die neu entstandenen Ruinen und kam zu dem Platz, an dem das Massaker stattgefunden hatte. Er war mit Blumen und Kränzen geschmückt. Überall hingen Friedensbotschaften, und auf Plakaten an den Geschäften fanden sich die Namen der Getöteten. Daneben lag ein Kondolenzbuch, in das sich die Menschen eintrugen.

Ich holte mein Cello aus dem Kasten und setzte mich hin, ohne zu wissen, was ich spielen sollte. Voll Leid und Trauer hob ich meinen Bogen und begann zu spielen. Ich dachte an das furchtbare Schicksal meiner Nachbarn und mir war klar, dass so etwas oder noch Schlimmeres jeden Augenblick wieder passieren konnte. Ich spielte und weinte gleichzeitig, und die Musik, die von mir herabtropfte wie meine Tränen, war Albinonis »Adagio«, die allertraurigste Musik, die ich kenne.

Die Passanten blieben stehen, hörten zu und weinten mit mir. Sie legten Blumen nieder, beteten und zündeten Kerzen an. Als

> ich zu Ende gespielt hatte, gab es keinen Applaus. Ich erhob mich langsam, blieb eine Minute lang stehen und packte das Instrument zurück in seinen Kasten. Menschen standen um mich herum und wir redeten. In einem Café in der Nähe baten mich Freunde noch einmal zu spielen. Sie brauchten das. Die Musik war für sie ebenso heilsam wie für mich. Ich fing an zu begreifen, dass das keine rein persönliche Angelegenheit mehr war, und ich entschied mich, zweiundzwanzig Tage hintereinander zu spielen und jeden Tag einem jener Mitbürger zu widmen, die beim Massaker vor dem Brotgeschäft umgekommen waren.

So begann Vedrans Initiative »Musik für den Frieden«, die zum Anstoß für den zivilen Widerstand in Bosnien wurde und ihm Anerkennung weit über die Grenzen seiner Heimat hinaus zuteil werden ließ. Inzwischen wird er für seine mutige Form des Protests, die Inspirationsquelle für Gedichte und Lieder, Geschichten und Musik geworden ist, auf der ganzen Welt geehrt. Doch Vedran besteht darauf, dass er ein ganz normaler Mensch ist. Allerdings räumt er ein, dass seine Kindheit und Jugend in einer außergewöhnlichen Familie wesentlich dazu beigetragen haben, ihn für seine gewaltfreien Aktionen gegen den Krieg vorzubereiten und zu stärken.

Sein Vater, Avdo Smailović, arbeitete als Erzieher und war der bekannteste zeitgenössische Komponist im ehemaligen Jugoslawien. Seine Mutter Munira war, wie er selbst es ausdrückt, »keine Musikerin, sondern eine Heldin, die Musiker aufzog«. Von Kindesbeinen an bildeten Vedran und seine Schwestern ein Familien-Ensemble namens »Musica ad Hominem« – Musik für die Menschen. Avdo Smailović hatte dieses Ensemble gegründet, weil er erkannt hatte, dass nicht nur die Reichen und Privilegierten ein Recht auf Musik und Kultur haben, sondern auch die armen und weniger gebildeten Menschen. Das Familien-Ensemble spielte ein speziell zusammengestelltes Programm in abgelegenen Dörfern und landwirtschaftlichen Genossenschaften genauso wie in den bekanntesten Konzertsälen und gab nicht weniger als 180 Konzerte im Jahr. Dadurch bekam Vedran von seinem Vater neben dem Gefühl für die Musik auch einen starken Sinn für Gerechtigkeit und für humanitäres Engagement mit auf den Weg. Als junger Mann organisierte oder unterstützte er häufig Veranstaltungen für Menschen in Not.

Eines der schlimmsten Dinge bei der Zerstörung Sarajevos war in Vedrans Augen der Beschuss der prächtigen National- und Universitätsbibliothek. Er ehrte das Andenken seines Vaters auf ganz besondere Art und Weise, indem er zwei Tage, nachdem die Bibliothek ausgebrannt war, zu ihren Ruinen zurückkehrte, um dort zu trauern.

▶ In den Ruinen der Nationalbibliothek war es noch immer sehr heiß und gefährlich. Aber die Atmosphäre dort war eine ganz besondere: stark und mächtig, wie ein geweihter Tempel, gleichzeitig prachtvoll und unendlich traurig. Es war, als hätten sich die verletzten Seelen jener Autoren der verbrannten Bücher dort versammelt, um der Welt als stummes Mahnmal zu dienen. Ich hatte mein Cello und ein Bild meines geliebten Vaters mitgebracht. Es stammte von Dobrivoje Beljkasić, einem bekannten Künstler, dessen Arbeiten, wie alle Werke, die sich in den Galerien im dritten Stock befanden, vom Feuer vollkommen zerstört worden waren. Die Seele meines hochverehrten Vaters war auch dort, in mir, in der Musik und in Dobrivojes Bild. Und der Geist aller Maler, der Lebenden und der Toten, war ebenfalls dort. Niemand kann die Seele, den Geist der Kunst und der Kreativität zerstören. Das war es, was meine Geste symbolisieren sollte.

Nachdem ich gespielt hatte, brachte ich das Portrait meines Vaters wieder nach Hause. Dann kehrte ich zurück auf den Platz des Massakers, verweilte einen Augenblick und spielte dann noch einmal Albinoni.

Vedran setzte seine Aktion »Musik für den Frieden« fort bis zum Dezember 1993, als er endlich die Möglichkeit bekam, Sarajevo zu verlassen. Seitdem bringt er, zunächst sogar ohne Cello, den Menschen auf der ganzen Welt Musik nahe. Er reist von den größten Konzerthallen zu den ärmsten Gegenden. Die Inspiration seines Vaters und der »Musica ad Hominem« trägt er im Herzen.

Inzwischen lebt Vedran in Nordirland und hat einige CDs eingespielt. Sein aktuellstes Werk heißt »Sarajevo/Belfast« und ist eine Zusammenarbeit mit dem Folk-Sänger Tommy Sands. Indem die Musik die Grenzen von Kulturen und Sprachen überwindet, wirkt sie inspirierend und fordert dazu heraus, zu trauern und zu singen.

▶ Ein neues Jahrhundert und Jahrtausend nimmt seinen Lauf, und ich mache mir Sorgen um die Menschheit und über die Zerstörungen, die wir im Namen des Fortschritts unaufhörlich anrichten. Ich mache mir Sorgen. Und ich habe Angst. Doch ich biete meine Musik an. Das ist es, was ich am besten kann.

Die Autorin Amy Carmichael benutzt das Bild eines Schlachtfeldes, um den Frieden zu beschreiben. Sie sagt, nicht der Soldat, der im Bett liegt, während die Schlacht tobt, findet Frieden, sondern der, der sein Leben auf dem Feld opfert. Diejenigen, die am nächsten beim Feldherrn kämpfen, tragen das höchste Risiko, verletzt zu werden, doch sie sind es auch, die den größten Frieden finden.

Der palästinensische Rechtsanwalt Jonathan Kuttab bezeugt die Wahrheit dieser Behauptung aus eigener Erfahrung. Während meiner Reisen in den Nahen Osten sind wir wiederholt zusammengetroffen, und mit jeder neuen Begegnung wurde mein Respekt vor ihm größer. Der Mut, mit dem er für sein Volk eintritt, das von der israelischen Regierung diskriminiert und misshandelt wird, und seine Weigerung sich zurückzuziehen, selbst dann, wenn alles gegen ihn spricht, haben ihn zu einem Vorreiter im Kampf um Gerechtigkeit in seiner Heimat werden lassen. Dem Beispiel Jesu folgend glaubt Jonathan fest an die Macht der Gewaltlosigkeit. Das ist eine Macht, so sagt er, die sogar stärker ist als Planierraupen, die auffahren, um Raum für Siedler zu schaffen, und dabei die Wohnungen und Existenzen zahlloser Palästinenser zerstören.

▶ Wenn Mandanten zu mir kommen und mich darum bitten, ihnen beim Kampf um ihr Zuhause zu helfen, dann muss ich ihnen sagen, dass das Gesetz ihnen nicht sehr viel weiterhelfen wird, da es nicht geschaffen worden ist, um ihre Rechte zu schützen. Was hilft, sage ich ihnen dann, ist, sich gewaltlos vor die Planierraupen zu stellen oder auch zu legen, wenn es sein muss.

Diesen Rat hatte ich auch einigen Leuten aus einem bestimmten Dorf gegeben, und kurz darauf erhielt ich einen Anruf aus diesem Dorf: »Die Siedler sind hier, Soldaten und Bulldozer.

Wir versuchen sie aufzuhalten.« Ich stieg in mein Auto und fuhr so schnell, wie ich konnte, dorthin, um den Mann zu treffen, der mich angerufen hatte.

Aber als ich auf dem Grundstück ankam, war von ihnen niemand mehr da. (Ich wusste zu der Zeit noch nicht, dass die Soldaten vorher alle, die an den Protesten beteiligt waren, verhaftet und abgeführt hatten.) Nur ein Mann in einem Bulldozer, der damit anfing, den Boden aufzureißen, und ein bewaffneter Siedler, der das Grundstück bewachte, waren zurückgeblieben. Also ging ich geradewegs zu dem Bulldozer-Fahrer und sagte: »Das können Sie nicht tun, dazu haben Sie kein Recht. Das ist mein Land hier.« (Natürlich gehörte das Land in Wirklichkeit meinem Mandanten.) Er sagte: »Verschwinden Sie, wir arbeiten hier.« Also stellte ich mich genau vor den Bulldozer und brachte den Mann, der mich begleitet hatte, dazu, sich dahinter aufzubauen. Na ja, der Fahrer wollte keinen Ärger haben. Also stieg er aus. Doch dann kam der Siedler und kletterte in die Führerkabine. Er ließ den Motor aufheulen. Ich sah mich um. Es war niemand da. Wir standen in der Wildnis, keine Fernsehkameras, kein Zeitungsreporter, da war einfach niemand. Ich holte tief Luft und sagte zu mir: »Das ist ein guter Tag, um zu sterben.« Ich war davon überzeugt, dass ich getötet würde.

Ich bat meinen Begleiter, ins nächste Dorf zu laufen, um Hilfe zu holen. Und so stand ich da, allein gelassen mit einem Bulldozer und einem bewaffneten Siedler, der vor Wut kochte. Aber ich fühlte Frieden. Ich war ganz ruhig und entspannt.

Da er nun niemanden mehr hinter sich hatte, setzte der Siedler den Bulldozer zurück und versuchte zu wenden. Doch ich stellte mich wieder vor ihm auf und blieb dort stehen. Und dann hatte ich eine gute Idee: Ich drehte ihm einfach den Rücken zu, weil mir irgendetwas sagte, dass es sehr schwer sein muss, jemanden umzubringen, der einen nicht einmal ansieht. Ich drehte ihm den Rücken zu, faltete die Hände und weigerte mich, mich zu bewegen.

Da lag ein Haufen Schutt, den der Siedler zur Seite schieben wollte, und ich verteidigte diesen Haufen Schutt. Es war ein seltsames Gefühl, sehr friedlich und erhaben. Der Siedler ließ den Motor wieder aufheulen und schoss auf mich zu, aber dann bremste er ab.

Gewaltlosigkeit ist etwas sehr Mächtiges. Medien und Öffentlichkeit verstärken diese Macht, aber sie besitzt Kraft in und aus sich selbst.

Der Siedler in seinem Bulldozer wollte, dass ich einen Stein nehme, er wollte, dass ich ihn beschimpfe und verfluche. Wenn ich das getan hätte, dann hätte er mich auf der Stelle umgebracht, da bin ich sicher. Aber ich blieb ruhig, habe einfach dagestanden. »Ich lasse es nicht zu, dass du diesen Schutthaufen bewegst!«

Nach etwa einer halben Stunde kam mein Begleiter mit dem Militärgouverneur und einem Haufen anderer Leute in Jeeps. Ich sagte also: »Sehen Sie, ich bin Rechtsanwalt, und das hier ist das Land meines Mandanten. Ich verbiete Ihnen, es zu betreten.« Sie argumentierten: »Schauen Sie, es gibt Gerichte ...« Und ich erwiderte: »Gut, dann gehen Sie zum Gericht. Das hier ist mein Land.« Ich rührte mich nicht von der Stelle, und schließlich brachte der Gouverneur den Siedler dazu, den Bulldozer fortzuschaffen.

Es gibt einen falschen Frieden, der von den Reichen und Mächtigen hochgehalten wird, von den Unterdrückern, die den Status quo bewahren wollen. Für sie bedeutet Frieden Machterhalt. Sie wollen die Unterdrückungsmechanismen aufrechterhalten, so dass es keine Erschütterungen gibt oder etwas ihre Kontrolle der Dinge stört. Jeder Versuch, ihre Autorität herauszufordern, wird als Friedensbruch bezeichnet. Frieden hat überhaupt nichts mit Passivität zu tun. Man muss schon innere Standfestigkeit besitzen, muss inneren Frieden gefunden haben. Von dem, was man da tut, muss man fest überzeugt sein. Das erlaubt es einem, entspannt zu sein, selbst bei schärfsten Auseinandersetzungen. Wenn wir diese Entspannung nicht fühlen, dann laufen wir Gefahr, genauso böse zu werden wie jene, denen wir entgegentreten.

Wenn man sich Gefühlen wie Zorn, Bitterkeit, Hass, Egoismus oder Ichbezogenheit hingibt, dann überschreitet man schnell diese Grenze. Man fängt an, die gleichen Mittel und Methoden zu benutzen wie jene, die einen unterdrücken. Was man selber tut, ist dann keinen Deut mehr besser als das, was sie tun.

Ich weiß ganz genau, dass ich in dem Augenblick, in dem ich mich Hass und Bitterkeit hingebe, verloren habe und dass sie den Sieg davontragen. In dem Moment habe ich verloren, wie viele Scharmützel oder Schlachten ich auch gewonnen haben mag. Sie haben mir dann bewiesen, dass ihre Methode die richtige ist und dass ich noch aggressiver und gewalttätiger sein muss als sie.

Ich kann für mich nicht in Anspruch nehmen, mein Leben sehr oft aufs Spiel gesetzt zu haben, aber diesem Tag, an dem ich vor dem Bulldozer stand, verdanke ich eine ganz ungewöhnliche Erfahrung. Ich habe einen tiefen, inneren Frieden gefühlt. Ich habe tief Luft geholt, zum schönen blauen Himmel hochgeschaut und gesagt: »Das ist ein guter Tag, um zu sterben.« Und stärker als jemals zuvor habe ich die wahre Kraft des Friedens gespürt.

Über Frieden wird dauernd geredet. Jeder will Frieden, keiner ist dagegen.

Doch wie viele von uns sind wie Jonathan bereit dazu, ihr Leben dafür aufs Spiel zu setzen? Für jeden Menschen sieht der Ruf zur Tat anders aus. Den einen mag er zur Aktivität führen, den nächsten zur Gemeinschaft, den übernächsten zu etwas ganz anderem. Vielleicht ist es manchmal schon genug, bei der Arbeit ein versöhnliches Wort zu sprechen oder sich zu bemühen, zu Hause toleranter und aufmerksamer zu sein.

Eine große Tat mag edler wirken als eine kleine, unbeachtete, aber sie kann uns leicht von dem ablenken, was wir in unserem direkten Umfeld zu tun haben. Sie kann sogar dazu führen, dass wir denen gegenüber unser Herz verschließen, die es am nötigsten brauchen. Der französische Christ Jean Vanier warnt:

▶ Manchmal ist es einfacher, die Schreie der Armen und Unterdrückten zu hören, die weit weg sind, als jene Rufe in der eigenen Gemeinschaft. Es hat eben nichts besonders Glanzvolles, wenn man sich einem Menschen zuwendet, der jeden Tag um einen herum ist und einem auf die Nerven geht.

Egal, wer wir sind oder was wir tun: Wahren Frieden kann nur der finden, der bereit ist, dafür zu arbeiten und Opfer zu bringen. Denn anders als falscher Frieden, der sich auf nichts festlegt und wie ein Sturm alles durcheinanderwirbelt, gleicht der wirkliche Frieden einem wohlwollenden Rückenwind, der alles in Bewegung setzt, was auf seinem Weg liegt.

Aktiv für Versöhnung eintreten

Die Tat ist wichtiger
als das Reden und Schreiben über die Tat.
Nur dadurch, dass Liebe
durch Taten der Güte ausgedrückt werden,
finden Menschen zur Umkehr,
werden die Massen erreicht.
Dorothy Day

Von all den Sprüchen, die ich bei Friedensveranstaltungen und Demonstrationen in den vergangenen Jahrzehnten gehört habe, ist einer der einfachsten und zugleich eindrucksvollsten: »Keine Gerechtigkeit – kein Frieden.« Über Frieden zu reden oder zu schreiben mag sehr wichtig sein, doch für den Frieden aktiv zu werden, ist noch wichtiger. Wenn aber schließlich alles gesagt und getan ist, kann Frieden nur dann echt sein, wenn er der Gerechtigkeit den Weg ebnet.

So wie soziale Ungerechtigkeit, Unterdrückung, Sklaverei und Krieg in direktem Zusammenhang mit Kampf und Spaltung stehen, so muss der Frieden mit Gerechtigkeit in Verbindung stehen, denn die Gerechtigkeit gedeiht dort, wo diese Dinge überwunden worden sind. Viele Menschen verstehen unter Frieden die Sicherheit des eigenen Landes, Stabilität, Gesetz und Ordnung. Er wird auch mit Bildung, Kultur und bürgerlichen Pflichten, mit Wohlstand, Gesundheit, Bequemlichkeit und Ruhe in Verbindung gebracht. Das klingt nach einem guten Leben. Aber kann ein Frieden, der auf dieser Grundlage ruht, allen zuteil werden? Wenn gutes Leben grenzenlose Auswahl und riesiger Konsum für einige wenige bedeutet, dann folgt daraus unweigerlich Schwerstarbeit und drückende Armut für Millionen anderer Menschen. Ist das Frieden? Oder Gerechtigkeit?

Kurz vor Ausbruch des Zweiten Weltkriegs schrieb mein Großvater:

> ▶ Wenn ich wirklich Frieden will, dann muss ich ihn auch in allen Bereichen meines Lebens vertreten. Ich kann keinem Pazifismus Glauben schenken, der behauptet, dass es keinen Krieg mehr geben wird. Dieser Anspruch lässt sich nicht halten. Denn es herrscht Krieg bis in die heutige Zeit. Ich habe keinerlei Vertrauen in den Pazifismus von Geschäftsleuten, die ihre Konkurrenz bekämpfen, oder von Männern, die es nicht einmal schaffen, mit ihren eigenen Ehefrauen in Liebe und Frieden zu leben.
>
> Wenn von Hitlers neuer Regierung mehr als tausend Menschen umgebracht werden, ohne dass man ihnen eine Gerichtsverhandlung zugesteht, ist das nicht bereits Krieg?
>
> Wenn Hunderttausende in den Konzentrationslagern ihrer Freiheit und ihrer Menschenwürde beraubt werden, ist das kein Krieg?
>
> Wenn in Asien Millionen von Menschen verhungern, während in Nordamerika und anderswo Abermillionen Tonnen Getreide eingelagert werden, ist das kein Krieg?
>
> Wenn unzählige Frauen des Geldes wegen ihren Körper zu Markte tragen und ihr Leben ruinieren, wenn jedes Jahr Millionen von Kindern abgetrieben werden, ist das kein Krieg?
>
> Wenn Menschen schuften müssen wie Sklaven und kaum genug Milch und Brot für ihre Kinder zusammenkriegen, ist das kein Krieg?

> Wenn die Wohlhabenden in Villen leben, die von weiträumigen Parks umgeben sind, während in anderen Stadtteilen sich ganze Familien ein einziges Zimmer teilen müssen, ist das kein Krieg?
>
> Wenn die einen Unsummen Geld auf ihren Konten horten, während die anderen kaum das Nötigste haben, ist das kein Krieg?
>
> Wenn rücksichtslose Autofahrer jedes Jahr Tausende Verkehrstote verursachen, ist das kein Krieg?

Wenn man sich den gegenwärtigen Zustand unserer Erde vor Augen führt, dann verwundert es nicht, dass viele Menschen Frieden und Gerechtigkeit als utopischen Blödsinn abtun. Sie fragen sich, wie irgendjemand in Frieden leben kann, wenn überall Chaos und Qual herrschen, wenn Massenvernichtungswaffen in den Händen von immer mehr Ländern dem einfachen Überleben der Menschheit Hohn sprechen? Wie kann es Gerechtigkeit geben, wenn die Launen eines immer kleiner werdenden Häufchens reicher und einflussreicher Leute das Leben von Millionen überall auf der Erde verwüsten?

Mit solchen Fragen hat sich Mumia Abu-Jamal seit Jahrzehnten herumgeschlagen. Als radikaler schwarzer Journalist und ehemaliges Mitglied der Black Panther, einer Bewegung zur Befreiung der Schwarzen in den USA, wurde er wegen Mordes an einem Polizisten aus Philadelphia angeklagt und in einem Verfahren, das sich durch eklatante rassistische Tendenzen auszeichnete, zum Tode verurteilt. Mumia würde von sich selbst niemals behaupten, ein friedlicher Mensch zu sein. Aber jedes Mal, wenn ich durch die dicken Panzerglas-Scheiben des Besucherraums im Todestrakt mit ihm rede, bin ich überwältigt von der Ruhe, die er ausstrahlt. Seine Hoffnung ist eng mit seinem unerschütterlichen Glauben an die Macht der Wahrheit verbunden. Er ist davon überzeugt, dass letzten Endes die Gerechtigkeit siegen wird. Er schreibt:

▶ Wie vertraut dieses Wort scheint: Frieden. Doch wie weit weg dieser Frieden ist! Menschen, die über den Frieden schreiben, schreiben von einer Märchenwelt, und sie schreiben von all dem, was sein sollte, aber nicht über das, was ist, nicht über die Wirklichkeit.

Warum darüber nachdenken, was sein kann, warum nicht darüber, was ist? Ist es nicht genau das, was uns verdammt? Wie kann jemand in den USA mit unseren aus allen Nähten geplatzten Städten, unseren überfüllten Gefängnissen und Todeszellen vor Augen es wagen, das Wort »Frieden« in den Mund zu nehmen? Das ist ein blutleerer Frieden, ein Frieden, der sich der Ruhe erfreut, die ein Mensch im Koma ausstrahlt, im Fieberschlaf. Es ist der Frieden der betäubten, entfremdeten und entmutigten Seelen. Eine Friedhofsruhe.

Die ruhigen Aufbrüche, die unser Geist hervorbringt, werden durch den militaristischen Terror des amerikanischen Staates unterdrückt, der seine schwarzen »Mitbürger« wie Fremde behandelt. Und die, die den Unterdrückten »Frieden« zurufen, sind die Helfershelfer der Unterdrücker, das sind die Leute, die denen zurufen, um deren Hals sich die Schlinge zuzieht: »Sei ruhig! Hör auf zu strampeln! Frieden!«

Der Frieden, von dem die meisten Christen reden, lässt sich nach nunmehr zweitausend Jahren lediglich auf einer kleinen

Parzelle Land finden: auf dem Friedhof. In der Welt der Lebenden hat er keine Überlebenschance. Er ist ein Trostpflaster für die Mächtigen und ein Schlag ins Gesicht für die Machtlosen.

Er wird verkündet, als sei er eine Tatsache, aber in Wirklichkeit ist er nichts als ein leise gehauchter Traum. Und selbst dieser Traum wird mit Worten noch verdunkelt. Wie George Orwell es in seinem Klassiker 1984 formuliert: »Krieg ist Frieden. Freiheit ist Sklaverei. Unwissenheit ist Stärke.«[7]

Und wo ist Gottes Frieden heutzutage? Für die meisten bleibt er eine Fata Morgana, ein leeres Versprechen von Politikern, die unseren Untergang planen, von Geschäftsleuten, die sich unser Vermögen unter den Nagel reißen wollen und von Polizisten, die schießen, um zu töten. Dieser Frieden ist eine Lüge, die von Richtern in Umlauf gebracht wird, die uns fesseln, von Geschworenen, die uns zu lebenslanger Sklaverei verurteilen, und von Priestern, die unsere Hinrichtung segnen.

Mumias Kritik mag in den Ohren vieler Menschen ungerechtfertigt harsch klingen. Sie werden einwerfen, dass der Geist des Friedens lebt und dass er wohlauf ist, auch wenn er hier und dort vom Mantel der Heuchelei verdeckt wird. Ich bin mir da nicht so sicher. Ich denke, es ist besser, sich Mumias Kritik zu stellen und sich dadurch zum Handeln antreiben zu lassen, als ihn nur als heruntergekommenen Zyniker abzutun.

Wenn Frieden nicht Hand in Hand mit Gerechtigkeit geht,

[7] George Orwell: *1984*, deutsch von Kurt Wagenseil, Frankfurt am Main und Berlin 1976, S. 18

bleibt er leeres Geschwätz. Schon der Prophet Jeremia beklagte sich: »Sie sagen ›Friede! Friede!‹, und es ist doch nicht Friede.«[8] Wenn unser Wunsch nach Frieden ehrlich gemeint ist, und zwar nicht nur für uns selbst, sondern auch für andere Menschen, dann werden wir einsehen müssen, dass der Umgang der Menschen miteinander sich grundlegend ändern muss.

Tom Kelly und James Tate sind das lebende Beispiel für die Verwandlung, die man durchmacht, wenn das Herz eines Menschen von wirklichem Frieden erfasst worden ist. Beide wurden in Belfast geboren und wollten Frieden und Sicherheit für ihr Land. Obwohl sie nur ein paar hundert Meter voneinander entfernt aufwuchsen, lebten sie in völlig verschiedenen Welten. Toms Familie ist katholisch, James' protestantisch. Doch von ein paar Namen abgesehen, sind die Geschichten der beiden sich auffallend ähnlich. Tom erzählt:

▶ 1969, als hier die Unruhen ausbrachen, war ich gerade mit der Schule fertig. An den Mauern tauchten IRA-Sprüche auf. Damals hatte ich noch keinen Schimmer, worum es überhaupt ging. Meine Eltern hatten uns Kinder nicht den merkwürdigen Glauben gelehrt, dass Gott nur auf der Seite der Katholiken stand. Als ich meinen Vater fragte, bekniete er mich, mich da bloß nicht einzumischen. »Mit Gott hat das überhaupt nichts zu tun«, sagte er mir.

Die Unruhen gingen weiter, und ich bemerkte die wachsende Hysterie, von der Turf Lodge, unser Viertel von Belfast, erfasst

[8] Jeremia 6,14

wurde. Männer liefen mit Gewehren und Handfeuerwaffen durch die Straßen und legten Minen hinter Barrikaden. Im Fernsehen wurden die Auseinandersetzungen zwischen den katholischen Nationalisten und den protestantischen Loyalisten groß aufgemacht, und nachdem die Britische Armee und die RUC (Royal Ulster Constabulary) aufmarschiert waren, wuchsen die Spannungen weiter. Die Medien verbreiteten eine Chaos-Stimmung, und zum ersten Mal fühlte ich mich bedroht, obwohl ich nicht wusste, wovor ich eigentlich Angst hatte.

Ich war fünfzehn und kriegte mit, dass einige meiner Freunde der Jugendabteilung der IRA beigetreten waren. So entschloss ich mich, auch dorthin zu gehen. Ich lernte, wie man Waffen zusammensetzt, und kam bald zur Provisorischen IRA. Ich feuerte meinen ersten Schuss ab und wurde allmählich mit der Gewalt vertraut. Mir war damals klar, dass mein Leben auf dem Spiel stand, denn ich schoss nicht nur, sondern es wurde auch auf mich geschossen.

Man sagte mir, dass ich für die sozialistische Republik kämpfen würde. Ich hatte nicht die geringste Ahnung von Sozialismus, Kommunimus oder irgendeinem anderen -ismus. Für mich war so was eine Sache für die Intellektuellen. Ich selbst sah mich einfach als Soldat, der sein Gebiet verteidigte.

Von klein auf war James eingetrichtert worden, Katholiken zu verabscheuen, obwohl er in seinem ganzen Leben noch keinen kennen gelernt hatte. »Ich kriegte diesen ganzen bigotten Mist von meiner Mutter mit in die Wiege gelegt. Sie war zu einer guten Loyalistin erzogen worden, und dazu gehörte es eben, Katholiken zu hassen, so wie das in meinem Viertel jeder tat.«

▶ Ich wurde in Sandy Row, einer Arbeitergegend von Belfast, groß. Jeder da bezeichnete sich als Protestant, obwohl die wenigsten überhaupt je zur Kirche gingen. Meine Familie ging auf jeden Fall nicht. Das ist schon ziemlich seltsam: Ich wurde dazu erzogen, Katholiken zu hassen, obwohl ich ihnen selbst nie begegnet war. Es war blinder Hass. In meiner Schule oder im Jugendclub gab`s keine Katholiken. Man wollte nichts miteinander zu tun haben.

Als Teenager tat ich genau das, was man von mir erwartete. Ich trat dem Oranier-Orden bei und nahm an den Märschen und Umzügen mit der Musikkapelle teil. Alle schmückten sich mit bunten Hüten und diesem ganzen Kram. Dann kam 1969, und die Auseinandersetzungen um die Menschenrechte gingen los und wuchsen sich schnell zu Unruhen und Zusammenstößen mit der Britischen Armee und der Polizei aus. Als Antwort auf die Bombenattentate der IRA gründeten die Loyalisten, zu denen ich ja gehörte, paramilitärische Gruppen. Ich trat der UVF (Ulster Volunteer Force) bei. Die Idee, die dahinter steckte, war eigentlich ganz simpel: Wenn die IRA in einem protestantischen Viertel eine Bombe hochgehen ließ, dann ließen wir eine in einem katholischen Stadtteil explodieren. Und so schaukelte sich das hoch. Schließlich wurde ich wegen Waffenbesitzes eingesperrt. Das war am Morgen des Ostersonntags. Die Britische Armee durchsuchte meine Wohnung und fand fünf Pistolen.

Wegen ihrer Mitgliedschaft in terroristischen Vereinigungen landeten Tom und James hinter Stacheldraht in Internierungslagern der Britischen Armee, wo sie wie gewöhnliche Kriminelle behandelt wurden. Tom wurde nach zweieinhalb

Jahren entlassen. Während seiner Haft hatte sich sein Hass auf die Britische Armee und das Militär nur noch verstärkt. Kaum draußen, ging er wieder zur IRA, engagierte sich noch stärker als vorher – und landete wieder im Gefängnis. Diesmal hatte er zehn Jahre abzusitzen.

James dagegen kam nach fünf Jahren aus dem Lager heraus und entschied sich auszusteigen. Er ging nach Hause zu seiner Frau, brach seine Kontakte zur UVF ab und versuchte, ein normales Leben anzufangen. Wegen seiner Vorstrafe gestaltete sich das recht schwierig. Schließlich kam er in einem kirchlich finanzierten Arbeitsbeschaffungs-Programm unter. Und dann geschah etwas, das alles veränderte:

▶ Ich saß mit einem älteren Mann zusammen in einem Transporter. Er war einer der Geschäftsführer, und er fing an, mir aus seinem Leben zu erzählen. Eine unglaubliche Geschichte: Er war als Drogenkurier in Afghanistan unterwegs gewesen und wurde dort überfallen. Ausgeraubt und schwer verletzt ließ man ihn einfach zurück. Aber ein paar Leute fanden ihn schließlich, pflegten ihn gesund und brachten ihn zurück nach Nordirland. Und aufgrund dieser Erfahrung war er praktizierender Christ geworden.

Er erzählte mir diese Geschichte, und aus heiterem Himmel wurde mir klar, dass dieser Mann katholisch war. Die Leute, die ihn gerettet hatten, waren Katholiken gewesen. Ich saß da in diesem Kleinbus, und bevor es mir überhaupt bewusst wurde, weinte ich. Und dann fing ich an, ihm aus meiner Vergangenheit zu erzählen, wo ich gewesen war, was ich getan hatte und so weiter. Mir flossen einfach die Tränen aus den Augen. Ich weiß auch nicht, warum.

Es geschahen noch weitere Dinge, durch die James' Pseudofrömmigkeit und Hass Stück für Stück zerschlagen wurden. Er begriff, dass er Vergebung brauchte, Vergebung und einen Neuanfang. Gott habe sein Herz berührt, sagt er, und das brachte ihn dazu, andere Menschen in einem neuen Licht zu sehen.

Unterdessen war es in Toms Leben zu einem ähnlich radikalen Kurswechsel gekommen. Seine Jahre »drinnen« hatten ihm vor Augen geführt, wie unsinnig Gewalt ist, ganz egal, von welcher Seite sie ausgeht. Und er traf die Gewissensentscheidung, sein Leben von Gott bestimmen zu lassen. Als Tom und James sich bei einem ökumenischen Treffen begegneten, umarmten sie sich wie zwei Brüder, die sich lange aus den Augen verloren hatten, ein merkwürdiges Verhalten für zwei Männer, die einmal entschlossen gewesen waren, sich gegenseitig umzubringen ...

Inzwischen verbringen sie viel Zeit miteinander. Schließlich lag ihrer beider Zuhause nie weit auseinander. Oft werden sie zusammen zu Versammlungen eingeladen, und viele Leute sind durch ihre Geschichte ermutigt worden. Für Tom und James hat der Kampf für ihre Heimat nichts mehr mit Bündnissen und Grenzen zu tun, sondern viel eher damit, Herzen zusammenzuführen und eine gemeinsame Basis zu finden. James formuliert es so:

▶ Wir in Nordirland müssen noch einmal ganz von vorne anfangen. Es gibt viel mehr, was uns verbindet als was uns trennt. Wir müssen unsere beiden Gemeinden zusammenbringen, denn es ist allein Unwissenheit, die Misstrauen erzeugt. Lasst die Kinder miteinander aufwachsen, und sie werden schnell begreifen, dass sie sich durch nichts unterscheiden.

Vor einigen Monaten reiste ich nach Chiapas in Mexiko, um Bischof Samuel Ruiz García zu treffen. Don Samuel, wie er dort genannt wird, ist für seine Arbeit, die er dort vor allem bei den völlig verarmten einheimischen Bergbauern leistet, für den Friedensnobelpreis vorgeschlagen worden.

Don Samuel widmet sich ganz einfach dem, was er als Doppelaufgabe bezeichnet, nämlich dem Frieden und der Gerechtigkeit. In den letzten Jahren schloss diese Aufgabe die Vermittlung zwischen der mexikanischen Regierung und den Zapatistas mit ein. Die Zapatistas sind eine Menschenrechtsorganisation, die sich für grundlegende Menschenrechte einsetzt, die für uns ganz selbstverständlich sind. Dazu gehören das Recht auf Landbesitz und auf eine öffentliche medizinische Versorgung. Es überrascht nicht, dass seine Offenheit ihm einiges an Hass und Schikanen eingetragen hat, vor allem von Seiten der repressiven Provinzregierung. In den letzten Jahren sind mindestens zwei Mordanschläge auf ihn verübt worden. In einem Gespräch, das wir im Dezember 1997 miteinander führten, erklärte mir Don Samuel:

▶ Frieden für die Menschheit bedeutet nicht die Abwesenheit von Krieg oder ein Ende der Gewalt. Die alten Römer sagten: »Wer Friede will, der muss sich zum Kampf bereithalten.« Für sie war Frieden die Zeit, sich für den Krieg zu rüsten. Für uns ist das genauso, wenn auch in ganz anderer Hinsicht. Von uns verlangt der Frieden eine ganz neue Gesellschaftsordnung. Er verlangt ein neues, brüderliches Verhältnis zwischen den Menschen. Und er verlangt eine Neuordnung der ausbeuterischen sozio-ökonomischen Struktur.

> Es sind die Armen, die die Geschichte der menschlichen Gesellschaft schreiben. Ein Mensch ist arm aufgrund eines gesellschaftlichen Konflikts. Es gibt ein System, das ihn arm macht, ein System, das ihn ausbeutet. Wenn in einer Gemeinschaft der Ärmste den Maßstab für das Gemeinwohl darstellt, dann haben wir eine Gesellschaft geschaffen, die ihre Aufgabe erfüllt. Aber wenn in einer Gesellschaft der Arme einfach überrannt wird, dann arbeitet die Gesellschaft dem Frieden entgegen.

Es ist dieses unentschuldbare Leid, in welcher Form es sich auch immer zeigen mag, und der Egoismus, der Menschen wie Don Samuel aufstehen und ihre Stimme erheben lässt. Ihnen ist bewusst, dass echter, nachhaltiger Frieden auch mit dem gestörten Gleichgewicht unserer Gesellschaft zu tun hat. Allzu oft stoßen Menschen wie er auf taube Ohren. Vorurteile und Angst führen dazu, dass man ihre Botschaften überhört und sie vor verschlossenen Türen stehen lässt. Manche gehen sogar so weit, sie durch Mord mundtot zu machen. Don Samuel ist sich bewusst, dass seine Zeit bald abgelaufen sein kann. Dennoch gibt er nicht auf. »Frieden«, so sagt er, »ist eine Aufgabe, an der wir arbeiten müssen. Frieden ist keine Frage irgendeiner Doktrin, sondern eine Frage der Praxis.« – Der palästinensische Christ Elias Chacour sagt:

> ▶ Frieden ist mit so vielen Schwierigkeiten und Risiken verbunden und erfordert Schwerstarbeit. Das aramäische Wort *ashrei* bedeutet nicht nur »glücklich«; es ist auch verwandt mit dem Wort *yashar*, das von dem hebräischen Wort für ehrlich kommt. Es bedeutet auch »richte dich auf«.

Wenn du also nach Gerechtigkeit hungerst und dürstest, dann richte dich auf und tritt dafür ein, für dich und dein Volk Gerechtigkeit zu erlangen. Das Gleiche gilt für den Frieden. Es heißt ja nicht: »Selig sind, die über den Frieden nachdenken«, sondern: »Selig sind, die Frieden stiften.«[9] Mit anderen Worten: Beweg deinen Hintern und tu etwas. Mach dir die Hände schmutzig!

[9] Matthäus 5,9

Den Glauben bewahren

Hoffnung ist das,
was uns bleibt in schlechter Zeit.
Irisches Sprichwort

Am Silvestertag des Jahres 1997 wanderten Hunderte von Tzotzil-Indianern im Rahmen einer Gedenkprozession in ihr Dorf Acteal, das im Bundesstaat Chiapas in Mexiko liegt. Dort waren neun Tage zuvor fünfundvierzig ihrer Stammesgenossen, hauptsächlich Frauen und Kinder, von der Miliz der Provinzregierung brutal abgeschlachtet worden. Als Bewohner einer abgelegenen Gegend, in der Regierungskritiker einfach »verschwanden«, war den Teilnehmern der Prozession sehr wohl bewusst, dass ihre Aktion keineswegs gefahrlos war.

Weil die Teilnehmer unbewaffnet waren, waren sie gleich in doppelter Hinsicht angreifbar. Sie unterstützten die Ziele der Zapatista-Kämpfer, waren aber gegen Gewalt, und deshalb wurden sie von beiden Seiten der Parteinahme und des Verrats bezichtigt. Die Prozession war als eine Herausforderung gedacht, die im Geist der Hoffnung und der Entschlossenheit durchgeführt wurde.

Auf dem Holzkreuz, das die Menschen vor sich hertrugen, stand: »Es ist Zeit zu ernten, Zeit zu bauen.« Viele Menschen trugen Ziegelsteine (»um die Schwere unseres Leids darzustellen«, sagte jemand), mit denen sie ein Grabmal für die

Toten bauen wollten. Einige wollten trotz der Morde wieder in ihr Dorf zurückkehren und sich dort niederlassen, auch wenn ihnen bewusst war, dass sie vielleicht wieder würden fliehen müssen.

Wer waren diese mutigen Männer und Frauen, die dem Tod so ruhig und gefasst ins Gesicht sahen? War ihr Wille zum Frieden Ausdruck einer merkwürdigen, märtyrerhaften Stärke? War er ein Zeichen von Irrsinn? Vielleicht ging es ihnen ja einfach so wie der amerikanischen Friedensforscherin Liz McAlister. Nachdem ihr Mann wegen seiner Teilnahme an einer Demonstration gegen die Armee ins Gefängnis gekommen war, schrieb sie:

> ▶ Gottes Versprechen einer menschlichen und gerechten Gesellschaft ist ein Versprechen, auf das man getrost sein Leben setzen kann. Keiner von uns kann zufrieden sein, bevor dieses Versprechen nicht für alle Menschen, für die ganze Welt Wirklichkeit geworden ist. Für dieses Versprechen Gottes, so wie es bei Jesaja steht, dass der Tag kommen wird, an dem die Menschen ihre Schwerter zu Pflugscharen schmieden werden und ihre Spieße zu Sicheln[10], lohnt es sich, sein Leben zu riskieren. Mit dieser Vision können wir Geduld üben und uns von Gott in dieser Geduld führen lassen. Indem wir die Vision Gottes mit Leben füllen, sind wir Teil ihrer Verwirklichung – nicht mehr und nicht weniger.

Der Einsatz für Frieden ist ein unbarmherziges Geschäft, das man nur mit Hoffnung und Mut, Zukunftsvisionen und

[10] Jesaja 2,4

Pflichtgefühl lebendig halten kann. Doch dieser Einsatz für Frieden ist zugleich auch eine Leben spendende Kraft. Sie heilt, was zerbrochen war, füllt wieder auf, was verbraucht war, und löst, was verworren und verknotet ist. Frieden gibt Hoffnung, wo Verzweiflung herrscht, Harmonie, wo Missklang ist, Liebe, wo Hass sich breit gemacht hat. Er lässt den Menschen zu sich selber finden, wenn er zerrissen ist, er bringt Entschlossenheit und Festigkeit dorthin, wo billige Kompromisse und Täuschung herrschen. Frieden dringt ein in jeden Bereich des Lebens, in den geistigen ebenso wie in den materiellen, in den materiellen ebenso wie in den geistigen. Wenn er diese Veränderung nicht mit sich bringt, dann ist es auch kein echter Frieden, sondern einfach nur Spielerei.

Franz von Assisi wusste sehr genau, was echter Frieden erfordert. Heute wird er wohl vor allem als harmloser Mönch gesehen, als so eine Art mittelalterlicher Doktor Doolittle, der mit Tieren sprach und zu Vögeln predigte. Doch er war kein sanft gestimmter Dichter, sondern ein entschlossener und leidenschaftlicher Mensch. Er identifizierte sich mit den Armen und gab seinen Besitz auf. Sein Testament und Letzter Wille verurteilte Reichtum und die Institutionalisierung des Glaubens so schonungslos und offen, dass es konfisziert und verbrannt wurde, bevor man Franziskus für ungefährlich genug befand, um ihn heilig zu sprechen.

Das berühmte Gebet, das seine Haltung wiedergibt und ihm zugeschrieben wird, bedeutet auch für uns heute noch eine große Herausforderung, auch wenn es manchem abgedroschen vorkommen mag, weil es zu allen passenden und unpassenden Gelegenheiten immer wieder heruntergeleiert worden ist:

Herr, mach mich zu einem Werkzeug deines Friedens,
dass ich liebe, wo man hasst;
dass ich verzeihe, wo man beleidigt;
dass ich verbinde, wo Streit ist;
dass ich die Wahrheit sage, wo Irrtum ist;
dass ich Glauben bringe, wo Zweifel droht;
dass ich Hoffnung wecke, wo Verzweiflung quält;
dass ich Licht entzünde, wo Finsternis regiert;
dass ich Freude bringe, wo der Kummer wohnt.
Herr, lass mich trachten,
nicht, dass ich getröstet werde, sondern dass ich tröste;
nicht, dass ich verstanden werde, sondern dass ich verstehe;
nicht, dass ich geliebt werde, sondern dass ich liebe.
Denn wer sich hingibt, der empfängt;
wer sich selbst vergisst, der findet;
wer verzeiht, dem wird verziehen;
und wer stirbt, der erwacht zum ewigen Leben.[11]

Frieden ist ein weltumfassendes Ziel, aber er beginnt im Stillen, manchmal kaum spürbar, im Inneren. Er verändert Menschen und Strukturen. Wo Frieden herrscht, da herrscht die Einheit zwischen dem wirklichen Ich und mir selbst, zwischen Mann und Frau, zwischen Schöpfung und Gott.

Nichts von all dem passiert jedoch von ganz allein oder irgendwo im luftleeren Raum. Während des ganzen Buches ist deutlich geworden, dass Frieden rein gar nichts mit Passivität oder Resignation zu tun hat. Frieden ist nichts für Men-

[11] Die Übertragung des Gebetes aus: *Gotteslob.* Katholisches Gebet- und Gesangbuch. Quelle: Frankreich 1913

schen ohne Rückgrat oder für Menschen, die Gefangene ihres eigenen Lebens sind. Wer sich mit einem ruhigen und beschaulichen Dasein zufrieden gibt, wird keinen Frieden finden. Echter Frieden verlangt von uns ein ehrliches und aufrichtiges Leben, anderen gegenüber genauso wie vor unserem eigenen Gewissen. Die Suche nach Frieden darf nicht von Egoismus geleitet werden. Sie darf nicht dazu führen, dass wir uns abschotten, um Selbsterfüllung zu finden. O nein! Frieden zu suchen heißt, nach dem Einklang mit uns selbst zu suchen, nach dem Einklang mit anderen und vor allen Dingen nach dem Einklang mit Gott.

So pompös das klingen mag, so einfach ist es. Wenn wir keinen Frieden empfinden, dann deshalb, weil wir vergessen haben, einander zu lieben. Und dafür gibt es absolut keine Entschuldigung. Ich glaube nicht, dass irgendjemandem die Fähigkeit zu lieben fehlen könnte.

Aber das Wichtigste, was ich aus den Berichten der Menschen gelernt habe, die hier in diesem Buch versammelt sind, ist, niemals aufzugeben, nie den Mut zu verlieren, egal, was passiert. Genau diese Einstellung trägt unzählige Menschen über die dunkelsten Augenblicke hinweg. Und für uns kann sie das ebenfalls bewirken.

Rabbi Hugo Gryn, ein Überlebender des Holocaust, hat als Junge in Auschwitz erfahren, wie wichtig Hoffnung ist. Dort war er in der gleichen Baracke eingesperrt wie sein Vater.

▶ Trotz der unbeschreiblichen Lebensumstände dort im Lager achteten viele Juden – und auch mein Vater – darauf, ihre religiösen Bräuche, so gut es ging, weiter zu pflegen. Eines

Abends mitten im Winter machte ein Mithäftling meinen Vater darauf aufmerksam, dass bald die erste Nacht des Chanukka, des Lichterfests, sei. Während der nächsten Tage bastelte mein Vater aus winzigen Metallresten einen kleinen siebenarmigen Leuchter. Als Docht verwendete er Fäden aus seiner Häftlingskleidung, und irgendwie schaffte er es, einem Wärter ein kleines bisschen Butter abzuschwatzen, die er als Lampenöl benutzte. Die Ausübung religiöser Bräuche war strengstens verboten, aber wir waren es gewohnt, Risiken einzugehen. Wogegen ich allerdings protestierte, war die »Verschwendung« wertvoller Kalorien. Wäre es nicht besser, die Butter auf ein Stück Brotrinde zu schmieren und zu teilen, als sie zu verbrennen?

»Hugo«, entgegnete mir mein Vater daraufhin. »Wir beide wissen, dass Menschen eine ziemlich lange Zeit ohne Essen leben können. Aber ich sage dir, kein Mensch überlebt auch nur einen einzigen Tag ohne Hoffnung. Dieses Öl wird eine Flamme der Hoffnung entzünden. Lass die Hoffnung niemals sterben, weder hier noch sonst irgendwo. Vergiss das nie!«

Rabbi Gryns Geschichte handelt von einer Wahrheit, die von vielen Menschen vor und nach ihm erkannt worden ist: Letzten Endes ist es die Hoffnung, die uns Tag für Tag am Leben hält. Sie ist es, die uns dazu treibt, die Hindernisse im Leben zu überwinden, die uns Stärke gibt und die Kraft zu lieben. Hoffnung ist das Tor zum Frieden.

In seinem Roman *Die Brüder Karamasow* schreibt Fjodor Dostojewski über die gleiche Hoffnung und Überzeugung, in einer Unterhaltung zwischen Vater Sossima und einem geheimnisvollen Fremden, der zuerst das Wort führt:

▶ »Bevor man nicht innerlich zum Bruder eines jeden geworden ist, kann kein Brudertum zur Herrschaft gelangen. Niemals werden die Menschen mit Hilfe einer Wissenschaft oder um eines Vorteils willen durch äußere Hilfsmittel es fertig bringen, ihr Eigentum und ihre Rechte so untereinander zu verteilen, dass niemand zu kurz komme und sich nicht gekränkt fühle. Immer wird es jedem zu wenig scheinen, und immer wird man einander vernichten. Sie fragen, wann sich das verwirklichen wird? Es *wird* sich verwirklichen, aber zuerst muss sich die Periode der menschlichen *Vereinzelung* vollenden.« – »Was für einer Vereinzelung?«, fragte ich ihn. – »Eben dieser Vereinzelung, die jetzt überall herrscht, und namentlich in unserem Jahrhundert, die aber noch nicht ganz abgeschlossen ist, deren Frist noch nicht abgelaufen ist. Denn jetzt strebt doch ein jeder nur danach, seine Person möglichst abzusondern, ein jeder möchte in sich selber die ganze Fülle des Lebens erfahren, dabei aber ist das Ergebnis all seiner Anstrengungen statt der Fülle des Lebens nur vollständiger Selbstmord, denn statt die volle Entfaltung des eigenen Wesens zu erlangen, verfallen sie nur vollkommener Vereinzelung. (...) Aber es wird doch unbedingt so geschehen, dass auch für diese schreckliche Vereinsamung die Frist ablaufen wird, und alle werden dann auf einmal begreifen, wie unnatürlich es war, sich voneinander abzusondern. Dann wird der neue Zeitgeist schon von selber wehen, und wundern wird man sich, dass man so lange in der Finsternis gesessen ist und das Licht nicht gesehen hat. (...) Bis dahin aber muss dieses Symbol wie ein Banner behütet werden, und wenn es nicht anders geht, so muss doch ab und zu wenigstens *ein* Mensch plötzlich ein Beispiel geben und die Seele aus der Vereinsamung hinausführen auf den Weg der brüderlichen Gemeinschaft, selbst wenn er sich damit dem Spott aussetzt und für einen Gottesnarren gehalten wird, – nur, damit der große Gedanke nicht sterbe!«[12]

[12] Fjodor M. Dostojewski: *Die Brüder Karamasoff,* S. 495

Nancy Parker Brummett

Ich vertraue dir

Eine Frau nimmt Gott beim Wort

96 Seiten, RBtaschenbuch Bd. 583, Bestell-Nr. 220 583

»Irgendwann geht es uns allen so, dass wir den ständigen Trubel und Stress nicht mehr aushalten. Wir sehnen uns nach einem einfachen Leben, nach Harmonie und Ausgeglichenheit ...« Viele Frauen sehnen sich danach, ihren Glauben ganz konkret zu leben. In ihrer Zeitplanung. In den Beziehungen zu den Menschen, die sie lieben. Im Umgang mit Geld. In Verletzungen und Enttäuschungen.

Nancy Parker Brummett zeigt: Das ist gar nicht so schwierig. Gott will, dass wir ihn einfach beim Wort nehmen. Dann entwickeln sich viele Dinge in unserem Alltag ganz von selbst. Eines Tages stellen wir fest: Unser Leben ist nicht komplizierter, sondern viel einfacher geworden.

Nancy Parker Brummett gab eine Stelle als Managerin auf, um Bücher zu schreiben. Sie ist heute Mutter und Großmutter und lebt in Colorado Springs/USA.